林祖藻 主編

明清科考墨卷集

第二十九冊

卷八十五

卷八十六

卷八十七

蘭臺出版社

第二十九册　卷八十五

舜以不得禹皋陶為己憂

滙海集 方濤

更觀虞帝之憂亦以先務為急焉夫禹皋陶舜固期其得也不得則以為己憂矣甚急先務又如此昔舜之紹堯致治也總師者不怠九叙歌功作士者惟明五刑垂法下於此宏襄贊上即於此釋焦勞矣顧論萬幾無曠之年統淮庶官自信天工之克代而論四岳未詢之日獨膺鉅任曷禁聖慮之時厪寤寐縈求需才孔篤豈藝祖以揚側陋為心而協帝不以廣達聽為念耶堯不得舜以為己憂業已情殷巽位倍切觀刑尤期典重考言毋忘詢事堯因舜而憂堯并冀舜以己憂為憂也而舜則何如衡璣齊七政惟寅競效咸拜手而賡賡颺顧臣雖揚來鳳之休

而民尚切其魚之慨則隨刊難緩也而奏隨刊之績者非己克
任其勞也輯瑞偏羣侯恭己無為胥進言而勤敷奏顧肆類既
隆班王而五刑未凜贖金則奸宄易萌也而格奸宄之非者非
己能稱其職也此非得禹不可非得皋陶不可舜既得之尚何
憂於己哉而當其始則嘗以此為憂者從古無匹夫為天子衆
心未附安能遽歷夫人林明德者不與登庸遺德者或矜高尚
果何以徵求應詔無煩飢渴之縈懷中天以大難闡聖人世事
多艱端賴借資於臣庶非司空不能懋績非士師孰與董威果
何以籲俊有方俾免英賢之遺野舜蓋因堯而益憂焉謂窺躬
既荷殊恩允宜力盡微忱用答涓埃於我后惟是源流莫釋終
難修水利之書侯捷未諳何敢定明刑之例仔肩誰倚其惟收

職效於人乎而已尚慮其難收也不得禹以襄猷河奚自昭疏瀹不得皋以佐治廷奚自塈讒頑焦慮時深恆恐搜羅之未徧憂思無可釋較諸堯而更勞也夫固自為己任而不辭矣舜又偕堯而共憂焉念聖主廣求良弼猶且不拘成格用資翊贊於大廷而況九載蓋愆克幹先人之蠱八元著望允推才子之名品概俱隆非冀效馳驅於我乎而已尚慮其未效也不宅揆以咨禹安得淡巢窟之災不選衆以舉皋安得布宅流之化精神交注時悉採訪之難周憂慮不敢寬衡諸堯而尤迫也夫更引為己責而弗諉矣舜之憂如此其急先務猶堯也豈沾沾用心於耕哉

舜以不得　憂者　　紅葯館集　江仲雲

更核虞帝之所憂憂殊百畝矣夫以不得禹皋陶爲憂舜之憂固與堯同其大也彼憂憂百畝之不易非其小焉者哉若曰今而知虞帝之憂勤不愧大人勤業也使第爲一手一足之烈何怪並耕者如有隱憂哉孰知親賢爲急務有虞心法紹自陶唐而力穡見勤勞出作情殷幾忘入息從側陋明揚而後以想重華之精神何關四門者尚切求賢而分五穀者轉虞不獲也如堯以不得舜爲己憂想其時一則曰咨四岳再則曰咨四岳不聞其憂在耘耔也不聞其憂在穮蔉也豈非以非舜無以解憂且非舜無以分憂哉然而舜亦不能無憂也則以禹皋陶未易得

也。不得禹無以奠懷襄。不得臯無以除姦宄。恐中天之景運。有
堯而難美於前。使尚繫念于田。不過深山事業耳。惟舍其小而
憂其大。覺有媯之智慮。迥非庸衆所能窺。不得禹而百揆誰宅。
不得臯而五刑誰明。恐帝世之動猷。有堯而罔繼於後。使尚縈
懷耕稼。何裨畎畝。登庸乎。惟舍其易而憂其難。覺蒲阪之心思。
已為後王所莫及。舜之以不得禹臯陶為己憂。一堯之以不得
舜為己憂也。曾是舜而憂以天下。豈猶夫一身一家之計者哉。
分職命官。當日早垂為盛典。而明刑治水。尚煩黼座之焦勞。知
協帝有經綸。後聖無慚於先聖。露體塗足。從古斷無此皇猷。而
惑世誣民。遂以並耕為口實。豈荷鋤皆學畫課功。當切夫田功。
彼百畝之不易。吾試思夫以之為己憂者。謂天子有祈穀之文。

曷嘗非關心隴畝究之重其事者非據為憂也儒生自命不凡豈不知犂雨鋤雲非復吾儕學問今而憂心如結竟為此黍與與而黍芃芃庸詎知人各有憂不特大人如舜不屑以是為憂即大人如堯亦不必以是為憂也何妨於卒歲勤劬之下即其憂而切指之謂王者有省耕之典何嘗非志切田疇究之課其功者非引為憂也吾人淵源有自豈不知手胼足胝絕非吾黨功修今而憂從中來竟在此莠驕驕而莠桀桀庸詎知心各有憂不特勞心如舜未聞舍是無可憂即勞心如堯亦未嘗舍是無容憂也何妨於三時作息以還即其憂而實核之指之曰農夫而舜之所憂者異矣而堯之所憂者益異矣

舜生於諸　二節　　辛丑　儲大文

詳聖人之本末而别其人之所係也夫由舜至文王而詳其生其遷以及於卒則東夷西夷之人固有别焉者矣今以古之人之有所存也茍無能得之而僅上觀于其迹則自衡宇相並名姓相聞以及疏絶殊黨而人之相望于九州四海之遠者可勝既哉然而考其本末則亦有不可得而没者詩曰維桑與梓必恭敬止此言父母之邦始生之土為尤重也乃若長而遷於他所老而卒苟其人之獲有聞于後者則君子皆將識之以亦無意而況舜與文王之尤震耀顯著者乎舜何人也孟嘗生諸馮矣而遷在負夏也

卒役在鳴條也此其域晉隸東夷文王何人也益嘗生岐周矣而
卒後在畢郢也此其城晉隸西戎茍貴聲鄉之美人也起焉不識
與會於深滴以寄有湍依
古有名賢曾何利里之人也而必相與愛惜而私之乃至流寓卒
築閒有所寄猶將強異國之人以為己有也而若舜與文王利尤
不必在一井一邑而於今聞談軼事窮闡西地之民猶尔之一壺淑
鬱積之氣都會鍾焉吾意僻陋在戎有不解有產人也而亦後能
術道心勿絕乃系荒墟遺壤都無所見猶將原其代之人於此上
平也而若舜與文王名尤不止在一鄉一國而必欲網羅放失編
見者古之士猶詫之曰舜也固東夷之人也文也固西夷之人也

噫嘻遂荒大東未之有進誰將西歸未之能下而吾時於其閒遐[illegible]望之裴知此兩人者夫固獨立於東西之天東海有聖人焉惜也西關尚陋西海有聖人焉惜也東土其棄而吾更於其後遺憾之彌歎此兩人者今猶對立于東西之表而無能忘其生平與其遷寓於荒裔阻絕之餘[illegible]以至俯仰歔欷而不自止者也

貪照下文必至枯寂惟真在本位刻畫描寫直作一懷古之篇自爾興寄深長也名手絕妙好文只是老實做題耳

舜生於　儲

舜有臣五 一章

陳崑山 王之醇

論才難而及至德，所以躋昭代于唐虞也。夫虞周之才同盛矣，而不能無帝王升降之感，觀於有二服事，而殷周之際依然唐虞之際也。至德者文王乎。且自古人才之多，一盛於有虞，再盛于有周，此亦極千古之至奇矣。然而虞之才止用以治天下，而周之才則用以取天下，而其先固未嘗少存亟亟于天下之心。夫子一日者讀書至泰誓，不禁嘅然。記者知其志在唐虞之際也，故先書之曰：舜有臣五人而天下治。而後述武王之辭曰：予有亂臣十人。夫五人者，堯之臣也，即舜之臣也，雍雍揖讓，而朝合一德至矣，越于有餘

年而至武王人才蔚起可軼夏商而媲唐虞而九人之後贊以邑
姜猶稱盛焉才難不其然乎夫子之嘆；天下之才阨於殷而武
王之聖不得不以亂臣十人為周有也然而周於此亦不得已也
一片隨行
原其初蓋三分天下有其二以服事殷者也夫天下叛殷文王事
殷天下歸周文王即率其歸周者事殷蓋天下憂一時之無君而
文王憂萬世之無君臣之間人倫之至也其可謂至德也已矣
一下相生周之治二字同處如此長寫不比逆決之住
德在文即貽於武武王十三年晦養之心無異文王五十載聖明
之哉假令紂惡可悛天命勿改父師不囚奴少師不剖心而武王
是以謂
與十人皆殷之才也何至以此戡亂而以十人備為武之亂臣

卒乃牧野陳師于今傳有泰誓者不得已也矣予諒孟津觀

曰光如炟

心而統之曰周之德皦然作唐虞想矣

從周之德三字得聞本朝氏說而以唐虞經綸其間識功絕倫

華格更極渾成自是老作家風則周新之

舜有臣五　王

舜有臣五人　為盛

成均同人會課　方樹謨

合而代之才而記之稱難者先計其盛爲夫舜有五人武有十人皆才之盛也然深緯才難之語而正不能無憾於其盛矣閒嘗由昭代以遡中天而見古今有極隆之遇也草昧積而共闢者有聖（即注盛字）人穢德腥而求清者多碩輔千百年間孰是興憐惜之意與然一（含毫邈然）經感歎而至論難遠仍不禁神動於隆遇也昔我孔子流連往訓（伏盛字）有志三代之英其於舜武盛時尤深留意然而舜武之才初何如（轉入首二節）（伏際字）者稽古有虞氏紹唐侯業有臣五人後先佐理其時玄圭拜命黃（截盛字）（並注末節）茂告成上下咸若教敷刑允猗歟盛哉越我周王受命文考有臣

十人左右贊襄其時孟津渡牧野陳入商郊而三擬新君告保奭而四人廸哲亦休哉其盛也夫運會之所恃者英奇使舜代之盛（領起之警作）背即從五臣十人本合古語且見搏挽神力得以振古如茲則望古興思可無對扶輿而嗟毓秀乃曠覽遺言覺興雲出雨之地恒不騰其悲歌頹慕之思也合數聖以為一聖之股肱集數朝以為一朝之佐命斯固舜之所獨盛者也而古人（點然字神致生動）（二比還才雖兩句來）則若見及而云然也氣數之所持者名世使武廷之盛得以累代（位而閒上注下來一線而通体皆靈）皆然則讀書論世可無望川嶽而歎降神乃追維曩訓覽歌鍾銘鼎之餘益不勝其咨嗟愛惜之意也統內外而有共贊其成合親疎而可並收其用斯誠武之所恃盛者也而古人又若許及而云

（老筆）然也乃孔子則以其盛而合較之豪傑每不世而生帝廷之工虞（二比還虛）

虞之際而句仍緊抱上文作法極密

水火其精英勻預洩三代之奇而我周當一戎底定之年亦共奮

風雲而依日月此豈曰寡落之致嘆乎須多藝者幸生一家咏思（領才須句）

皇者樂觀王國由是太常紀績青簡垂名一考稽之而覺唐虞之

此比側重斯盛是題意（此比）

菁華直至本朝而一發英雄每閒世而出周家之保釐分陝其光

從斯盛轉到唐虞辭出於字為眾是題面

華寔堪越二代而新而唐虞自元日受終以来欵不亮天工而康

人事此豈曰吝嗇之或傷乎郊嚳本於宗堯君臣直同父子虞書

緊按際字

冠以堯典新輔盡屬舊僚於是岳牧難數元愷莫窮一追思之而

如題按住

覺唐虞之交會寔軼昭代以稱隆然則唐虞之盛於斯盛於其才

題旨別清

亦盛於其際也不然者南河之避易而為西土之師毋論岳牧舊臣盡蹈箕比之事而治水明農已不報治於新主將五人之數亦

仍繳到章首

示節

當見其艱矣取殘之烈易而為讓善之休毋論焚炙遺良足當夔龍之選而父師元子不因戡亂而傷心將十人之列亦更覺其逾

徑佳悠然

矣。

緕雲在霄舒卷自如　嚴仲平先生

提盛守作主截題既清而起伏照應意到筆隨題圖法精不徒以才情擅勝人　海豐兄牧村

舜有臣五人　全章　壬申　吉夢

尚論虞周之才遇殊而德合也夫才必覩乎遇舜之遇較隆於武而周之德不愧於虞則論才者宜何如鄭重哉且失帝王之起莫

○諸○議○德○字○明○指○才○字○為○全○篇○之○發○端○

不根抵於競業之原而其贊襄左右則有才〻統於君而散於臣隆則適於其泰寰仍不失其常時衛世故者輙俯仰低徊而不能

○發○端○而○呼○衆○山○皆○應○

自已焉昔夫子有見於官天下家天下之殊局而竊然其思深抑致嘅於帝則升王則降之異議而穆然其意遠記者徵窺之臣為之大書特書曰舜有臣五人而天下治武王曰予有亂臣十人受

○照○應○際○字○

終元曰亦獨攬顧俊之權要之總撥以前早集神靈以資厥理則

近科房行書菁華　論語　十六七　宛花書屋

歷兩朝如一姚其熙績最奇誓衆會朝亦盛接御士之加要以載
主而後乃統亦俊以耆爾功則從華故見昂新其收名亦遠由舜
（真射德字）
及武才之盛也殆而見哉然後十亂而遙溯之稍遜矣於中六蕪
（運作）
借資於間內或不無微憾焉我夫子援引才難一語概然長嘆其
僅歎才乎抑不專歎才乎其為才而與歎者間氣所鍾不必無參
（設論警關一而緯才二西延德莫名其）
落豐盈之感乃同一聚會而英皇癸比不必參多士之班朱虎能
（斷續亦六妙）
羆且以為交讓之助則其為皐紀千古無疑矣我周自洛廣詠君
（二性有深情）
以來當亦有發思古之幽情以希蹤盛軌者而時代逢於季晚不
能無降以相從之想斯其目為奔奏後先者安忍不加之愛惜乎

其不專為才而致歎者雲集之士可以覘陰洪異志之存乃爭有適然而稷契為放勳介弟（珍琥璧劉）涿曾抱痛於裸將舉益亦唐室舊臣無復興歌於麥秀則其為無與比倫可知矣我周有頑民義士之衆誰則信興邦之上佐能無怵而世者而經綸原於性命賓明垂其承厥志之文斯其目為師師濟濟者安得不加之推鑿乎何則周之才周之遇為之而非周之德有不至也當豐鎬有聲之日孰不謂十五王而始乎然未若圖度天命者之指揮進我戈矢欲以才見也亦無容再計決矣夫獻洛邑以顧恩納騶虞而請罪異日之所謂才即今日之所謂德不得已而群才效命則征誅或通揖讓

近科房行書菁華　論語　上六八　許宥臣五

之窮彼陰樹黨援以肆閒奸者遵何說哉當虞芮質成之時人皆
謂十三年而受命然未若覲銳神罷者之倒行而施其不能不以
才終也亦大白於天下矣夫明文考之無乖微小子之無良後日
才之所展即前日德之所培設幸而獨夫悔禍則微箕或厠呂姬
之列可知未節與前文不是兩歟彼運合貞元以釀至治者豈有憾焉三分服事月忍嫓美於
虞芮才之賊也固視其過哉

不欲倒提德字在前不欲講了才漫綴德字在後掉撰鎔鑄其
神足以攝題　殷會詹

運全題如一句却不似串揀家伎倆淋漓渢滐絕大手筆　紀曉嵐

舜有臣五人　十人　　李枝桂

紀治而著其人若深幸其有焉夫治天下者何代無人以五人繫之舜以十人繫之武豈非深幸其有哉且春秋有聖人祖述者由（眼光四射）舜而并溯乎堯憲章者因文而兼及於武蓋舜紹堯而帝武承文而王論世至虞周稱極治焉然而虞周之天下豈惟是舜一人恭己而無為武一人永清而大定哉夫從古天下之治於其人也飢渴而顧乾坤之秀何地無賢豪而要以人心與天心之協應相積而致明良則聖哲之生動關氣數而特舉其人者初不係百僚之師濟與三百之官材夢寐而呼崧嶽之靈何地無俊乂而要以

國運與世運之綿延相漸而成交泰則奇尤之拔迥越尋常而約舉其人者并不數交讓之夔龍與同朝之虞鑑舜其紹堯而有天下者乎文祖終而南面薰琴玉琯端拱而享鳳儀獸舞之祥猗歟帝績隆也疇熈庶載疇勸九歌乃穆然於其臣之卓絕千古耳諸爾五品麗爾五刑藝爾五穀而治水治火共亮之功惟此五人培（隆字脈）養在伊祁舜受之以蒙被前休而風動時雍弗勞聲色神遊其世而舜之天下已治也而論者懷古遂不勝鄭重而歸之曰舜有武其承文而有天下者乎木主載而東征黃鉞白旄渡河而奮虎賁鷹揚之烈奕然王功爍也內閫誰司外廷誰職乃慨然於其臣之

輝映一時耳將紀武城相垂官禮師授丹書而宮中府中共揚燮
伐惟此十人留連自穆考武用之以恢張先業而放牛歸馬式廓
服事之脉
新猷起視其時而武之天下亦治也而登衆矢言遂不復忌諱而
白之曰予有蓋帝王共此天下治於帝與治於王斷難恃一人之
獨理乃中天有元德襄治者祗得王朝之半而賡揚已樂其有餘
盛字下脉
昭代有顯名戡亂者必倍帝世之全而謳吉勿虞其不足以是知
人之有無初不存乎多寡也古今同此天下治於古與治於今惟
賴此從龍之翼贊乃有虞會帝數之全以治總治者位天地於平
成而都俞皆三代之祖有周立王數之極以治易亂者定干戈於

才難脉

禮樂而制作非百里之才以是知人之有無又甚關乎治亂也宜吾夫子反覆才難一語而深長思也

為下文立案持論不背不侵義吐光芒詞成鏖鍔是陳同父一流人物　王鶴書

舜有臣五人　然乎

李祖惠

稽才於虞而及周聖人獨有感於其難焉矣舜有五臣而武亦有十亂抑可謂數之盈也乎乃思古語而嫌之正於有而益信其難耳從來聖人之生未有不藉英賢之戮力者也故論才者不必數量於有無而當審觀乎難易古之人鄭重其詞豈必其目中果無一二以安得以一時師濟之盈庭遂疑盛激之非篤論乎至今使才而莫曰有爲而已千載以內造物豈果自愛其菁英賢豪豈果盡塞於遇合至今想中天之治無數九官疇咨起舜其著也自是而後不具論至於我武承厥生之四輔彼詩人既不靳其揚厲之

舜撫同德之三千在一人更悉數其嘗聚之家舜固以五臣爲而
武之未嘗不以十亂著矣然而川嶽之鍾靈無殊於終古乃知
十亂○龍○虎○公○奭○召○夢○不○□○遠○○○
以論舜之世熙績亮工不必務三十五人之象而工虞水火已足
余○竟○乙○梧○於謂子新○氣盈
天公布夫五行降至我周誓師蠶矣靈才無乳承矣而慶緒疊爲必
盡舉西州之英傑以蒸振其穀靈則第收我武之新急鑿自白者
而有足深志士之低回者也國家之養士宜盡膺稽顙至矛何以
由舜而來歷今三嬗矣既歷千有餘歲之久而夫賁阿衡夾輔借
才于異代延及我周菁莪棫樸作人非一日矣而武成牧野嫁重
具○奐○商○不○備○及　妙○尊以
賴左右之匡襄以超越乎前事則華以我武之所發欲取盈者而

有足動儒生之窮愚者也我孔子于此乃俯焉仰焉畢然高望而

衆○有○眉○必○嶽○精○盛○是○引○然○意○發○法○由○○

遠志焉非謂明良既覯而轉似高岡梧鳳不能為興朝而大舒藹

吉之祥非謂稽拜雖朝而一若嚶嚶昔榛榛已於彼美而別其函

方之憾曰古語才難豈欺我哉甚哉才難分言之則兩大不能泯

否泰之情五德各以乘衰旺之運使華髮一二興王之名世遂謂

後○言○舜○武○其○他○可○知○叠○衰○微公趁○文○宗○之○統○境○

河山增色振古如斯不知上下千百年運會者且有所不勝道也

古今非直一舜一武王又非有舜而即有武王想古人之旁皇顧

盼未必爲是而茲念愈足增人三歎矣抑才難而精言之則時

毋夫子然之之本意

哉豈一一而限其人天壤覺層層而爭其豐蕃寡彼此遭逢之

蚓竅制藝　論語

多幸遂謂史冊所傳于今爲烈不知前後升聞系屬之良忽有

深意也古今有舜以有武王即有五臣而僅有寸人想古人之精

思考皷未必至是而蘇其食足費我翫哈矣乎不其然乎才而必

有不足爲難者而不肯直與由信其難子之數蓋數我武所有之

寸人也

叙上兩節隱主看難吞雲鬱牙鳳龍舞春燦萬使人一讀一擊

節　顧懸先生

舜有臣五

舜有臣五人　兩節　　壬子江南吳　鼒　二十一名

記者考古以發端總帝與王以觀得人焉夫有天下者不獨舜與武王記者為發端之詞因首列兩朝得人之實耳今夫王者代興惟天所授天下非帝王所得私也而獨天所生以共理天下者雖間世一出不妨據為一代之有乃綜其事業而不可沒繫以名分而不可移魯論指其蹟而又實其言如舜武是已甞論天人交待之故聖神不敢憚其勞然蹟竟不奏而後儒曲諒者莫如洪水之世矣末流待治在民物則策易施中天待治在天地則力易絀所以堯德如天而熙載之功未告成于七十載又甞論天澤一定

（二比翻跌起舜有予有偉論驚人別開戶牖）

之分天民不能鳴其高然志必不恐而與王無強者莫如牧野之
會矣範衍于廷師而不可官馬維于廟賓而不肯仕所以商社雖
屋而養士之報且隱鱉乎六百年然而蒲坂番裳平成立觀孟津
秉鉞佐命如雲則以舜大有人而武王自有臣也吾黨生於周白
國史而考帝典學於聖舍所刪而稽所存乃知大功之立不過數
（剔五八精彩）（迤文治字而曾壁對）
人羆熊虎夔龍退列于犨力太難之平不過數事衣裳琴袗無為者
一人堯憂而舜繼之請舉其功臣之數與其成功曰舜有臣五人
而天下治若夫知古與知今相資朝章宜錄徵獻與徵文並貴王
言不誣試觀獨夫之悔過已不可期盛世之夢難逢而下國之

鷹揚以奮億兆之離心豈復可恃先王之作人已久而小子之載
主咸從商亡而武興矣請徵諸當日布告之詞曰予有亂臣十人
起勢高渾議論亦處處帙奇
世祿乃後王之法中古登進功奇而人亦奇夫禹本罪人之孥而
稷又姜嫄棄子稷契皆古皇之胄而益即庭堅長男非此五人不
可治舜之天下也乃益饗朝覲謳歌訟獄之心一周宮特介弟之書
勁筆雄勁
興主巡師功立而言並立夫八虞二號巳早亡武之言不繼于遺
取材不出六籍繹以精思遂若語語皆
創獲
舊甥舅兄弟皆可用武之官不獵于舉親非此十人不足備撥亂
之臣也乃克繼伐崇遏密戡黎之志可不謂盛歟然而難矣
不拘、於伏案題考法獨就本面字表字裏爬羅剔抉每樹一

舜有臣五人　吳

議石破天驚。如遇前輩石臺諸公。自足衡堅喻陲讀此作。亦可見[redacted]宗匠衡文。未嘗拘一格也。胡星祿

舜有臣五人　兩節　吳鼐

記者考古以發端總帝與王以觀得人焉夫有天下者不獨舜與武王記於為發端之詞因首列兩朝得人之實耳今夫王者代興惟天所授天下非帝王所得私也而獨天所生以共理天下治雖間世一出不妨據為一代之有乃綜其事業而不可沒繫以名分而不可移愈論指其蹟而又實其言如舜武王是已蓋嘗論大人（涵映下文）交待之故神聖不敢憚其勞然績竟不奏而後儒曲諒者莫如洪（影出題頭思路絕不由人）（句俱上下）水之世矣未流待治在民物則易施中天待治在天地則賀絀所以堯德如天而照載之功未告成于七十載下嘗論天澤一

定之分天民不能鳴其高然志必不屈而與王無强者莫如牧野之会矣範衍于瑤師而不可穹焉維于廟貢而不肯仕所以商雖屋而養士之報且隱繫于六百年然而蒲坂垂裳平成立敬孟津秉鉞佐命如雲則以舜大有人而武王自有人也吾黨生于周由国史而考帝典學于聖舍所删而稽所存乃知大功之立不過數人曜熊虎䕫龍退列于羣力大難之平不過數事衣裳琴瑟無為者一人堯憂而舜繼之請舉其功臣之數與其成功曰舜有臣五人而天下治若夫知古與知今相資朝章宜録徵獻與收文並貴王言不誣試觀獨夫之旃遏已不可期夢卜難逢而下詔之鷹揚

以奮億兆之離心豈復可恃作人已先而小子之載土咸從商亡而武興矣請徵諸當日布告之詞曰予有亂臣十人世祿者後王之法上古登進功奇而人亦鄙夫禹本罪人之孥而稷又姜嫄之子稷契皆古帝皇之冑而益即庭堅長男非此五人不可治舜之天下也乃益饗朝覲謳歌訟獄之心周官者介弟之書與主論讒功立人而言並立夫八虞二號已早亡武之言不嫌于遺讓環之咒先弊皆可用武之言不嫌于親非此十人不足備撥亂之臣也可知繼伐崇遏密戡黎之志豈不盛與然而難矣

（樹義精警）（徵引古書運化無迹）（聲滿天地）（人辭以要）（旁推交。）

不作陳陳相因語每創一議俱本經人道文章彪炳光陸離斯

舜有臣五人而天下治　二節　吳端升

兩誌虞周皆有得人之效者也夫為天下得人虞周之所以有治也故兩誌五臣十亂以俟聖人之尚論云嘗考紀五帝者以舜終紀三王者以武終師錫于帝廷貽燕于孫子雖有作者舜武亦可及也已竊以為君固有之臣亦宜然昔者舜受堯禪天下猶未平也試可乃已五行既已汩陳疇咨俾乂九州亦且未奠迨其後六府修和三事備舉天下已治已矣而舜猶著然已之咨享無為之福曾不勞餘力焉問其故實五臣之各司其職翼為明聽之以至此舜其有人矣哉且舜之人舜自言之矣其言曰咨二十有二

作此一波頓有下節在

人欽哉夫固知天之鍾美於是所以與我者良不偶然故明示得
意若將為來茲告也顧嘗歷譜三代之祖遠標元黨之尤則有如
黄熊垂裔元鳥篤生帝武載育斯其瑰異特甚故世多稱述之若
六蓼之怨諸謳歌之不洽學士大夫猶且獨憫其還垂而慿弔
（善于群壞正自天策對裝）
之書曰舜有臣五人蓋不盡取乎舜之言而約二十有二人之詞
也至如虞夏以降迨有商之初即閒有開人顧第弗深考越千百
年而武王嗣興反商由舊之政煌煌乎與舜爭烈而後先踵附之
佐亦赫赫然與舜並垂予有亂臣十人武之言尚書載之矣雖然
竊有疑焉彼夫沈行鬼罝澤流棫樸濟濟者多士也乃君奭所著

（妙。又有此奇波，有此確証。）

亦惟有若虢叔閎夭散宜生泰顛南宮括豈揆乎五人之數耶及傳至武王又祇得四人焉則又減五人之一矣顧牧野陳師孟津作誓遂于五人之數則倍之說者以為作三千之氣挫億萬之鋒故云爾也然而武之言有不誣者矣尊若尚父親若姬公內姓而分陝若甘棠之舊輔翊又畢榮並政任如嗣音盡蕯于西土可寶者多不借于異代効忠者衆十亂之與五臣不識後先濟美乎哉嗟予五臣之外未嘗無人也十人之中亦必皆得也一以系已待書而不嫌于少一以亦連得書而不侈其多遂令千古來帝臣王佐之名跡存諸史氏斯亦記者升降抑揚之微意也然而聖人且

（特評記此一句書法甚奇此乃見以傳之。）

○○○難之矣

兩波匯夷妙在向〻為下〻節作案正如天造地設也此真神奇

舜有臣五人　然乎　　吳壽昌

歷誌虞周所有之才聖人有深嘆其難者焉蓋五臣聚而舜繼治十人興而武戡亂皆其才之最著者然而才難之嘆子且述古語而皇然矣從來致治之主豈不以其才哉運會啟而鍾毓奇遇合隆而勳猷著此其有無之數致足動豪傑之深思矣而論才者不以無才之世為憂轉以有才之日為憾蓋古人感遇之皆心與聖人論世之特識往往而合也自古繼治則稱舜戡亂則稱武亦思舜與武之才何如者哉才必君臣合德而後可統之以定一尊既為特出之英孰則降心而甘於自下有舜武以為之總而羣才各

領下二順

如振之筆

而以右字出

有以自效矣兩相得而始彰古人所以進聖主賢臣之頌才必師濟同堂而後足舉之以誇百代（共二十字出）既屬聖明之世豈其得一而遂以自豪無羣才以廣其任而舜武亦為之不光矣衆盈升而後聚吾儒所以占拔茅連茹之亨是故代文祖以受終協放勳而佈代天下號為郅治而其臣五人舜實有之越我武王載主而勤東出之師會朝而下永清之詔需才亟矣而予有亂臣十人其詞如在白旄黃鉞間焉夫五臣十亂皆曠世之才非一時之選也前千餘年（神）而舜受之後千餘年而武受之才又未嘗絕跡於天下也孔子讀（來）書論世慨慕流連喟然曰才難不其然乎嗟乎使才亟難則舜武

不已有五臣十亂乎哉蓋天下之才每從無才之世而其難始彰

絕頂議論

亦從有才之日而其難愈著奇偉之挺生也千人俊而萬人傑孰不關宇宙之精英觀匡濟之無人而深恨名世之莫屬向使造物

古語聖言而相形可謂警大而遠

非故為秘惜安在楨王國而濟時艱者之不可復覯也而鳴其不平祇以寫抑鬱之憂思於旦暮秀靈之間出也千里聖而百里賢每足歷朝廷之延訪際昌明之運會而偏覺快意之無多向使天心弁忘其限制安知依日月而附風雲者之不可滿願也而留茲遺憾遂以結畢然之遠想於千秋然後知昔人所論之才亦即同於夫子士曠世而相感彼我不必通懷而夫子難之之意初不異

稿　人海草

舜有臣

於昔人言有大而非夸今古原如一轍才難何嘆嘆周才也嘆周

起頂聰明

才固受唐虞故記者述武王之言而先誌虞舜之事

倚天拔地之才活虎生龍之筆　張巻沚

○舜有臣五人而天下治

壬子湖南 余作綬 二名

記者窺聖人尚論之意先稽治功於帝臣焉夫舜之有天下固繼治者也而有五人以臣之天下益治故記者窺聖人尚論之意而○童○意○本○是○周○才○為○主○先稽之且夫千古非常之功必待非常之人固不僅於帝世見也○以○繳○為○擒○獨○見○手○法○○精○合○恰○為○下○文○於○斯○為○盛○立○案○然而後之論者遡致治之原必以帝世為先而誌得人之效亦必以帝臣為獨隆焉昔魯論有會於聖人尚論之意因穆然於紹堯○第○三○節○是○題○根○所○在○此○段○正○得○先○輩○原○題○法○非○尋○常○打○乘○倒○抉○法○也○但○看○題○既○得○出○手○亦○自○然○玲○瓏○耳○之舜先事而特書之也曰舜有臣五人而天下治此非為論舜發也非為論舜臣發也非為論舜之天下發也而特以舜之後有無○生○之○繁○○筆○筆○靈○快○有○兩○腋○風○愧於舜者則以舜為端有比績舜臣者則以舜臣為端有不幸不

如舜遇極治之天下者則以舜之天下治爲端。今夫舜之天下堯（翻醒舜有正爲）之天下也（下際字立案）舜之臣亦堯之臣也自舜繼堯天下爲舜有五人亦爲（寫治字確是唐虞）舜有矣當是時舜也垂裳端拱凛勅命於幾康儼如大造無言而時行物生昭其象也（氣象移不到下節且筆筆與下節對照）五臣同寅協恭效堂廉之襄贊幾如五辰就撫而承猷宣化協其宜也謂非治功之所由隆歟盖中天景運雖開尚待英奇以彌縫缺陷宇宙數大事類非一手一足所能支也（句中有眼）乃觀于隨刋教養明刑掌火之職一事以一人任之而無曠厥官即各共乃職奮庸熙載合而成一代之功名天下之利無不興天下之害無不除也叙九功而賴萬世爾日之氣象何如哉中古建官雖衆尚求賢聖以宏濟艱難廊廟數大端又非羣策羣力不能效也乃觀于伯禹稷契皐陶伯益之倫一人以一職委之而事無旁貸即責有攸歸底績效功分而樹一朝之勲業天下識天工之亮天下被風動之庥也繼二典而頌三謨爾時之運會何如哉夫

中二比爲治字筆筆對針亂臣

有治法必需治人天爲舜迭生五人天之厚舜也故由後而觀遠

後比疏五人筆筆注卩於斯爲盛

華三王之祖由前而觀近皆一姓之英舜有之而措天下於上理也五人不見其少而有治人乃見治功天以五人獨畀諸舜天之壹五人也故雖盈廷交讓而夔龍不得列其班若采疇咨而岳牧不得與其數舜有之而登天下於郅隆也五人獨見其多此我夫

結穴

子所以慨想才難一語而神往於唐虞之際也

會全旨落筆手寫本位眼注次節於從前名作之外别標一奇

度遜於元而其意恆關飛之妙又元文所不及　馮緜修

舜有臣　余

舜有臣五人而天下治

乾隆壬子湖南　余作綬　二名

記者竊聖人尚論之意。先稽治功于帝臣焉。夫舜之有天下、固繼（卓○識○冠○場）治者也、而有五人以臣之、天下益治、故記者竊聖人尚論之旨（章意本是周才為書）先稽之。且夫千古非常之功。必待非常之人。固不僅於帝世見也。（以○以○撤○為○搶○題○見○　○法○）然而後之論者。遡致治之原。必以帝世為先。不[illegible]得人之效。亦必（另三節是影根一股正得先法[illegible]法○作○尋○者）以帝臣為獨隆焉。一若魯論有會於聖人尚論之意。因和[illegible]于（側○脉○文○比○）之舜先事而特書之也。曰。舜有臣五人而天下治。此非為論也。非為論舜臣發也。非為論舜之天下發也。而特以舜之後（津[illegible]有○）起于舜者。則以舜為端。有比績舜臣者。則以舜臣為端。有不（鳳○生○之○緊○）

舜遇極治之天下皆則以舜之天下治為端今夫舜之天之天下也舜之臣亦堯之臣也自舜繼堯天下為舜有五人舜有矣當是時舜也垂裳端拱稟命於幾康俱如大造無時行物生昭其象也五臣同寅協恭效堂廉之襄贊無不如五臣就撫而承猷宣化協其宜也謂非治功之所由降於盎中天景從也開尚待英奇以彌縫缺陷宇宙數大事類非一手一足所能支也乃視于隨刊教養明刑掌火之職一事以一人任之而無曠即各共乃職奮庸熙載合而成一代之功名天下之利無不興天下之害無不除也敘九功而賴萬世爾日之盛又何如哉

氣象移不到下節

句中有眼

宮雖衆尚求賢聖以宏濟艱難廊廟數大端又非羣策羣才不能效也乃觀于伯禹稷契皐陶伯益之倫一人以一職委之而事無旁貸即責有攸歸底績效功分而樹一朝之勳業天下識天工亮天下被風動之休也繼二典而頌三謨爾時之運會何如哉夫有治法必需治人天為舜篤生五人天之眷舜也故由後而溯萃三王之祖由前而觀近皆一姓之英舜有之而措天下于已也五人不見其少而有治人乃見治功天以五人獨畀諸舜重五人也故雖盈廷交讓而薦能不得列其班若衆疇咨而不得與其數舜有之而登天下于郅隆也五人獨見其多也

于所以慨想才难一語而神往於唐虞之際也。

通身從第三節兜轉。索性叫破此意。不作隱約偷照語。是之

正法眼藏。題因斷而立案。文以逆而得順。眼高於頂。力大

○旁批參同風本。

对針次節。畫出𠔃節分際。大言炎炎。懸諸日月而不刊。何仲

舜有臣　余

舜有臣五人　十歲作

沈榮河

特舉五人以惟虞帝實有之也夫五人豈常人哉舜得之以爲臣是以繼則天之堯嘗讀堯典自乃命羲和而後即爲禪舜張本徵舜則登庸若釆俾乂一時可謂無人堯非終無人乃因舜有人而舜可以舉堯若五人可見参天地之氣運隆於五帝臣之五以終帝之五數之適相當者也千古之文質備於三王臣之五以開王[illegible]五人適以互爲藏者也今夫五人者禹則平水土矣稷則教稼穡矣外此有布教者有明刑者有掌上下草木鳥獸者夏后啟周参六贏秦極二千年之尊富饗保而其祖並都俞吁咈於一堂之

上禹則為司空矣稷則為司農矣外此有為司徒者為士師者為山澤之虞者渾敦窮奇檮杌饕餮舉宇宙間之姦回凶惡而其人（劉孟雷以劃）自潛消默奪於陽氣之升雖三讓惟禹皋益稷而契不與然玄王之數教開萬古人文而共華誼滅即見知惟禹皋而三臣不與然百揆之交讓祇不及伯益而廣運能言當時元有八愷有八敵傳曰舉十六相以五人當之（為十人作針對）諸臣固無容悉數也（為武王曰作針對）且當時官有九牧有十二先之以四岳故舜曰咨汝二十有二人以五人統之家邦又大畧可知也天下之治職此故數

其節甚短而才思怒生心花艷發陳王八斗何足道也

世弟琥　岳峻天

曲折無以爲容則併入洪流而把決時其憂王逆知其澈而盡力乃以永四瀆安瀾之慶一州其然故而世有倉荒之圭而安邑故宮不改塗山遺祠無增峻宇雕牆獨此猶嚴皇祖之訓一惟其然潑愛周易助徵之名而賦梁山者猶謳思乎禹甸嗣有娍者亦慨想乎禹封我疆我理疇敢竟爲曾孫之田一以畢若彼盡力如此吾真無間然也

氣象堂皇由其胸羅卷軸出筆自然名貴　大世兄年甫十一能爲文亦奇矣熟之字裏行間有聲有光典麗處仍複熱脫不徒以書卷勝人想其天分最高而吾　夫子家學淵源得力亦後匪淺也世弟孫作楠用和

第二十九册　卷八十五

舜有臣五人　全章

戴學院科取莆田縣林　采　瓊雪
學一等第二名補廩

天生才以輔德、故才同者德亦不媿焉、夫周之才天所生以輔周之德也、則唐虞之盛亦盛乎其際耳、而豈其德不古若乎、此意惟孔子知之深矣、且天為一代聖人而開其治、必為一代聖人而生其才、其生之難者千秋發感歎之思、而其生之盛者間代慶遭逢之合、論者以為運會使然、而不知天不為運會而生才、寔為聖人而生才、天為聖人而生才、寔為聖人之德而生才、吾烏覩天之鍾乎其才、而有不先培乎其德者、夫是以望古遥集、而搔首問天、有不禁慨然于帝升王降之非定衡已、而不觀夫周乎、而不觀夫周之繼唐虞之際乎、夫唐虞之天洪荒乍闢之天也而舜紹堯以治其德則揖讓也故天眷之而篤生多才其時平天運敷天敘勅天罰厥有五人何其盛歟又烏知夫上下千餘年间尚有武王之亂臣十人與之後先而媲美也哉然而此其间又有天焉天不欲使洪荒之天下不治故舜得以際放勲而疇咨熙載則天亦不欲使毒痡之天下永亂故武得以紹壽考而帝庇作人其间唐虞合而代而為一代有周資陰教以襄陽教天之眷武其與眷舜一也天之生五人于唐虞其與生十人于有周遥遥輝映差頡頏焉我孔子舉稽天意默會天心而深致嘆于古之云才難者職是故歟雖然天可見乎不可見也所可見者才之生耳

則夫才可憑乎未可憑也所可憑者德之至耳蓋日星河嶽降而萃一代之英奇即可卜彼蒼之有屬而積累締造培而為百年之世澤更足徵誕降之非奇而周之德其視唐虞果何若乎姑勿論高山荒作天所以祚我周之明德者多歷年所乃至弓矢式璽而六州歸命三分服事之誠歷終身而不改則天心之眷顧自為之彌永焉所以戎衣一着不聞慚德之嫌而西山抗節慷慨呼籲天亦曾莫之應蓋天為眷德而生才則甲子昧爽不啻默誘其衷而須武功者咸欽文德于不朽亦毋論大勳未集天所以兩全文考之臣節者厥有深心即使及身而王而改王改步三分服事之衷亦昭然其如揭則天心

之篤祐仍未之有已焉所以肇基王迹早開聖德之符而判蛮偕既
托跡鳴高天亦曾莫之恤蓋天寔備才以輔德則永清底定不啻式
憑其際而全顯名者奚至明德之俱湮然則周之德洛西之献一南
河之避也八百之會同一謳歌訟獄之歸也十三年之遵養時晦一
詢事考言之謀于德弗嗣也嗚呼至矣其視唐虞何多遜焉此所以
天生十人于文之世而即為武之有猶之天生五人于堯之世而即
為舜之有蓋舜固治堯之治而武則師文之德以為德也唐虞成周
君臣父子之間豈非天哉

時文体製自不得不串合才德舊説拘牽安得縛天下人才性耶
文提出大字能自樹偉論非泛作大言賦者比所以為佳原評

舜有臣五人

月課莆田縣 第一名 林徐質 榜名席台

即帝臣而總計之、得乎奇之數者也、夫舜之臣皆聖人也、總計之則有五、不有得于奇之數者乎、且自側陋揚而有緝舉元德、闡而巽位、命千古羨輔翼之隆者、唯陶唐氏有大舜之一人已耳、乃濬哲文明、舜為堯臣者、罔祇一人、而協帝而翼、為明聽、舜為人君者、又得衆臣、而賡歌迄今、綜其數、猶令人動色而咨嗟焉、底績之功言矣、三載陟位、齊七政于玉衡璿璣、端冕凝旒、覲藉盈庭之有確、而五緯獻其精華、積之為復旦之日月、散之又為際會之風雲、一值徽其誌美矣、元日受終、班五玉于西華東岱、垂紳搢笏、莫贊黼之

即為際字伏根

奇警

之高深而五嶽呈其靈秀鍾之為御天之飛龍潛之又為朝陽之鸞鳳計其時舜蓋有臣五人云三十徵庸之日簡狄有娀二帝子昌意顓頊諸神孫久比有于欽明之世似有之者宜在堯不在舜乃讀二典所載放勳咨岳僉薦庸遠之班大舜闢門獨得亮功之佐則五臣非舜有而孰有之況位既禪自堯則臣宜屬于舜股肱耳目共彈冠而瞻卿雲之爛此堯典所以合併于虞書之內也看書得間九十倦勤以後稷契競爽之弟兄皐益象賢之父子並臣事于媯王之朝似有之者既在舜而亦在禹乃覩三謨所傳文命敷四海意翻空而易奇祇著[illegible]之休獨直欽四鄰獨[illegible]作朕[illegible]五[illegible]非舜有而誰

有之況上世　言臣禹則自□年齊□虞□全委佩
強對
南風之薰此禹謨所以僅編于益稷之先也聖人之後豈易又有
聖人所以後世人主每有借諸異代之思而舜則無慮此也一朝
聚聖神之彥萬世慶龍虎之從有五人而蒼符隤數不能選其奇
照次節光芒萬丈
有五人兩仲熊季羆不必分其職造物不稍留其靳惜之意而乘
時蔚起較諸天之數而無闕視諸地之數而適符聖人既生亦深
貼五字奇確
望更有聖人所以古昔帝王每有期于熙載之意而舜則如其
顧也廟廊萃三代之祖廷陛羅九德之英有五人而雄陶方向無
照有婦人句更奇
俟招弓于野外有五人而娥皇女英奚煩越俎于壺中上帝若欲

强對

彰其發越之奇而應運挺生準之行之數而未始有爵合之氣之數而未嘗不足一元首明而股肱良天命所以有用休之慶率作歌而屢省著四方所以有從欲之徵舜有此五臣以共治天豈不

盛歟

言壯情駭采烈與高兼擅公幹叔夜之長

典冊高文當有瑤函玉簡封以武都之泥　陶爾音

俗手抄撮堯典舜典字滚滿絺紛綸未免數見不鮮作者書得間大放厥辭頓覺精采騰天聲光動地當與淮雅韓碑並傳千古　鄭慎人

舜有林

舜有五人而天下治　周明

得臣以成至治總治而治彌隆矣夫舜固繼堯而治天下者也五臣之有與天下偕歸則天下之治不因五人交濟乎今夫一代之興必篤生一代之臣此豈獨帝世為然哉然共惟帝臣擇之于十六相之中躋之于十二牧之上同寅協恭以致此雍雍之治也非揖讓之朝何以有此何則中天之景運方隆而神聖之應期而出都已于高辛之世鍾其靈華臣之貞元交會而聖明之接踵而興者又于神堯之代顯其績當日堯為天下而舉舜登庸受禪功獨運于上五人若五行之布濩而各有專司舜為天下所樂孔人

（陰○字）（從○堅○昂○霄○俯○視○中○流○）（縱○為○際○宇○旗○本○）（大○將○旗○鼓）（精○妙）（中○天○懸○明○月）

咨岳命官。元首端拱于朝。五人若五事之順從。而群焉效職。其在五人昔也。瞻就日于堯階。今也賡歌颺拜于舜陛。堂廉一德。濟濟舜一如其事堯。其在于舜昔也。班聯冠百僚之上。北面而治。肯次勳令也。股肱合先代之臣。南面而獨朝群后。明良如故。事堯忽轉而事舜。舜有是君。即有是臣。（有字着力）故帝華不能有而歸之堯。有之而一德一心。故功高萬禩。而天下共仰其丕績。君擇臣。臣亦擇君。故丹朱不能有而爵之舜。舜有之而汝翼汝爲。故勳垂千載。乃天下永賴其鴻猷。上焉天以成而五緯取。（天下治配合五人數五）下焉地以平而五土數中焉。人以寄。而五材備。三才各正。五人之所以與天一參也。一帝命寄而而五穀熟，天命生商，而五穀明矣。以千年而五行將九功惟敘，五之所以為萬世賴也。除天下之大害，都以資命世之英，故游宮非無淑媛，而不必以英皇之內助，聯于工虞水火之列，開天下之大利者，必賴神靈之佐，故明廷非乏俊乂，而不得以夔龍之翊運並于禹皋稷契之傳，一唱于夔龍名師，而雲名官空傳；與瑞于炎黃，而莫及。豐功于舜世，祖顓頊而父帝嚳，分鐘神明于元愷，而合廷異績于虞廷，天下之治，豈偶然哉。

照定際字，宣發有字。并五字數目，亦不放過，緣與下文十八對照也。氣象光昌，議論煌煒，如香象渡河，金翅劈海，是時藝中大

龍甲。湖廣南

金鐘大鏞。小之便聲滿天地。王學舒

龍驤大野。虎嘯六合。風雲變化。天地震動。而按之皆是為下文伏脉。于文律又何深細也。主東溆

鈞天廣樂。必有奇異之觀。帝室皇居。必蓄非常之寶。精思偉論。却從題中字字洗剔出來。鑿山沉淵。會見榮光燭天。朱治子

金玉其質。麟鳳其文。前茅後勁。絕非始龍終蚓。嚴厚載

沉浸醲郁。含英咀華。卓越古今。牢籠宇宙。的是世間有數文字。周效白

舜有臣五人　一章

國子監王大司成之考一名　秦道然

因人才而念至德，周可與唐虞並盛矣。夫人知周才之盛，而未必知周德之至也。九人未可為全才，而事殷可以觀至德，非夫子其孰能表之。且自古帝王受命，孰不須人才以為治哉？顧未有無其德而能致人才之用者也。且才生於天，其幸而遭遇其盛，或盛矣而不無遺憾於其間，皆天也。尚論者但表其治天下之人，而遠忘其有天下之自，又烏知聖人之德，有不與世為升降者乎？（這句無痕）是故以帝王之人才而論其盛，於前者則舜之有五臣也，其盛於後者則武王之有十亂也。後之人盱衡於帝降而王之間，慨想於以周易商之始，以為我周以

（原批挽要）

〔反照至德狀出才難[illegible]得力〕
燮伐而有天下雖不能比德唐虞而言乎周才之濟濟則較之虞廷
之師師無多讓焉乃夫子觀於人才之際慨然於才難一語而信其
不誣者何也蓋賡歌喜起以來必積千有餘年而後見此才之盛且
同心同德之士必萃以宮闈之助而始成十亂之全則信乎其難也
〔落下不貴力〕
然則我周之有天下既不能與唐虞比德復不能與唐虞較才一至
是乎嗚呼人但知十人為草商之才而幾忘十人為事商之才也但
知孟津牧野之誓難擬於光華復旦之歌幾忘三分有二之時初不
替元首股肱之志也然則不觀事殷之忠烏知周德之比於唐虞哉
王室而既如燬矣周乃合六州已散之人心而共矢聖明之戴其愛

旋鉞而事泰壬較舜之老百揆而事聖君其所處爲極難矣黎老而

紐合唐虞上下融洽

既播棄矣用則收一時未用之多士而共爲王國之楨其陰收天下之才以事紂較舜之顯用在廷之才以事堯其用心爲極苦矣然則周之才不得謂之全才也周之德能不謂之至德也哉夫論帝王者德其重矣論帝王之德者唐虞其至矣乃周之德可以娩除而周之才未能無憾才難一語不信然哉

前狀周德後挽唐虞機局渾成而文采遒麗信是高士

舜有臣五　全章　徐鳳池

因人才而念至德、周可與唐虞並盛矣、夫人知周才之盛、而未必知周德之至也、九人、未可為全才、而事殷可以觀至德、非夫子其孰能表之、且自古帝王受命、不賴人才以為治哉、顧未有無其德而能收人才之用者也、且才生於天、其幸而遭遇其盛、或盛矣而不無遺憾於其間、皆天也、尚論者但表其治天下之人、而遂忘其有天下之自、又烏知聖人之德、有不與世為升降者乎、是故以帝王之人才而論其盛於前者、則舜之有五臣也、其盛於後者、則武王之有十亂也、後之人所衡於帝降而王之間、慨想於以周易商之始、以為我周乃

逐句無痕

抱要

變代而有天下雖不能比德唐虞而言乎周才之濟濟則較之虞氏之師師無多讓焉乃夫子觀於我周之才既然拔才難一語而信其不極者何也蓋賡歌喜起以來必積千有餘年而復見生才之盛且同心同德之士必藉以宮闈之助而始成十亂之全則信乎其難也然則我周之有天下既不能與唐虞比德復不能與唐虞較才一至是乎嗚呼人但知十人為輩商之才而幾忘十人為事商之才也但知孟津牧野之誓難擬於光華復旦之歌幾忘三分有二之時初不替元首股肱之忠也然則不觀事殷之忠烏知周德之比於唐虞哉王室而既如燬矣周乃合六州已散之人心而共矢聖明之戴共受旄

伏德字

孫下更不費力

祝合唐虞上下點合

哉而事暴主較舜之宅百揆而事聖君其所處爲極難矣黎老而既播棄矣周則收一時未用之多士而共爲王國之楨其陰救天下之才以事紂較舜之輔用在廷之才以事堯其用心爲極苦矣然則周

高甚

之才不得謂之全才也周之德能不謂之至德也哉夫論帝王者德其重矣論帝王之德者唐虞其至矣乃周之德可以媲隆而周之才未能無憾才難一語不信然哉

起處將周德不如唐虞翻出周才之盛落下便不費力後幅半含唐虞亦極得法其用筆更極古麗

明清科考墨卷集

第二十九冊　卷八十五

舜有臣五　二節　許

帝王得人以致治，皆不易有而有也。夫五臣十人，惟舜與武稱而有之。其有之也，豈偶然哉。今夫宇宙之網維，皆因帝王爲升降，而哲上之多寡（側重大旨），又足覘氣運之興衰。蓋奏治平刬亂，略大抵備人之力居多焉。若虞與周，尤其彰明較著者也。曰若稽古帝舜，繼治之帝也。前乎此者，疇咨吁咈，方嘆所舉之非人（停頓有勁，奇其切），天下所以望重華也。何幸顧茲一族之子，相聚而起，舜固大有人在矣。以天子而臣天子（可字顯朗），一堂非止三代之祖也；以聖人而臣聖人，諸臣分布五行之司也。迄今考虞書所載，得五人焉。夫舜也，四門是闢，豈不預岳牧之班，皆與五人比烈而治亂然而有之者僅此耳雖有二十二人而惟五人獨擅天之秀亦有一十六相而不與五人共分虞廷之歡夫非此五人者不易有而僅有之乎自是厥後無以接武矣吾見帝之降而王也至若有夏惟有歷年勿替有殷惟有歷年其人寥寥不足數耳亦越我周武王戡亂之王也當斯時也囚奴播棄方悲正人之云亡亂臣所以歸與朝也一時牧野佐命之英比肩而生武又不患無人矣其在同姓而為臣則碩輔不如兄弟也其在異姓而為臣則宮府尚有典型也迨今觀泰誓所云得十人焉夫武也二號是訪豈不望疏附之與十人並稱亂臣哉然而有之者不過此耳彼有

十人之休則有臣三千而亦不以爭十人之烈夫非此十人者不多有而幸有之刑餘古存嗚呼背後噫先輝映矣宜孔子覩虞周之才不慨然增嘆也

華旨是才難故題重五臣十人不重舜武而五臣十人又只是才難發端淋灕與重落想正須靈活也文甚具眼且亦濃纖合度可稱長史令青　王汝山

舜有臣　許

明清科考墨卷集

舜有臣五　二節　張翼軫

觀臣於虞周其人有可並列者焉、夫天下固甚樂有人也、曰五人曰十人、舜武之臣、不可取而並列之哉、且國家氣運之興、隆閑乎豪傑、而豪傑遭逢之奇異、又關乎氣運、古今來從未有之人贊襄而能開風動之盛、啓耆定之勲也、故稽舜典而問股肱之佐、讀泰誓而思熊羆之士、其一時之効翼為稱疏附者、固歷歷可指焉、粤

（一句中揮自是眼）

稽我朝之先祖后稷、與舜寔共事帝堯、維時舜方登庸、即師錫有薦亦退而與禹皋諸人共居臣下之班、稷能教稼、然高山未作、亦下而與伯益數人並處臣工之列、乃自上日受終、而天下始為舜

歲取南安縣學第一名

八闈試牘　　歲取南安縣學第一名

有矣然協時同律以巡方岳其頒之帝廷者寔賴諸臣之佐理自牧野陳師而天下竟為武有矣然虎賁脫劍以奏太平其列于王朝者亦賴諸臣之贊猷今觀於舜而見夫天地精英之氣萃於中天故賢哲挺生造物若預備其人以為一代之用何也舜有臣五人而天下治今觀於武之誓師而見夫祖宗培植之厚蔚為嘉祥故碩彥輩出彼蒼若悉備其人以為王國之楨何也武王嘗曰予有亂臣十人也有此五人而因材命官舉前此沕穆未啓之天運至是若為之一新亦可知受斯伯與非無奇才而委任參及不叅五人之中有此十人而量能授爵舉向此變亂以極之人心至

奭通興繫

是舜爲之改觀亦可知管蔡霍叔雖屬懿親而信任弗尊不列十人之數一合兩代而並誌其人雖異世同揆五人與十人後先輝映即一朝而各指其人雖時異蹟殊五人與十人倍觸聖心何則繼虞周之後者孔子也吾故詳列之以俟論斷云

短小精悍力能穿扎

舜有臣　張

第二十九冊　卷八十五

舜有臣五　十人

超等第一名　陳作霖

遐稽帝王之佐應運而興者也夫天之生人非偶然也惟舜有五人而武有十亂不可並紀乎且千古治化之隆皆千古英雋之彥輔之而成而一朝賢哲之生實一朝氣運之休釀之以出也（開會盛字）士生今日不獲身覩其隆而盱衡之下往往有流連弗置者而知此中之大有天焉（遡入太手法）嘗思我朝開國伊始統燕乎君相肇造之猷因之上考皇古之初緬想夫賢豪蔚起之烈（從有字襯入方是論才）雖雲龍鳥火代有紀官風后大帝時有六相然尚書獨載堯以來其荒遠難稽者亦不具論論夫舜與武夫繼堯而治天下者非舜乎（為際字伏案）當耄期遜位之秋正協帝

重華之日其時昏墊未釋粒食維艱以及六府三事諸大政疇不壓天子寤寐者乃舜則以先朝之群岳庶牧作一代之心膂股肱（妙語）明良喜起不嘗與位俱禪已夫元主可告耒耜可興刑罰可寄倫（疊句有大氣以鼓之）常可須虞師可掌此豈後世片長薄技之資所能代其勞也哉（非大才不能）當日者贊襄廟堂悉屬神明之世冑為光黼座無非明德之達人（頓挫）都俞吁咈之朝亦甚賴此五臣耳即嬀汭二妃早式觀型而天下之（對照有嬀人句）奏平成者不聞以英皇參攷斯之列從可知亮工熙載其所為颺（亦盛亦難）拜而賡歌者實間世而一遇也迄今觀典謨之垂不穆然於舜之（并為末節伏案）無為而治歟且繼文而興王業者非武乎揖遜從容之風邈而征

誅肆伐之局成其時滛酗何如除腥聞何如去以至反商由舊之大端罔不関百爾經營者乃武則以一時之戮力同心供一日之撥亂反正雷雨經綸殊堪相助為理已夫鷹揚異勲制作異罷分邑異治朝野異施内外異位此豈後世薄植庸材之質所能任其事也哉當日者牧野陳師彼此胥揚夫我武明廷出治上下自見其交孚會朝清明之餘不全賴此十人耶彼鳴琴奏治夙擅多賢而爾日之誇耆定者直欲以周名媲熊虎之班從可知大勲既集其所為論道而經邦者洵亘古而僅見也迄今讀泰誓一篇不慨然於周之所以王歟

繞上多姿

氣象光昌藻采華贍用筆尤極風流跌宕之致秋風轉眴定綴
高飛勉之望之

舜有臣五人　全章

擬同安覆試　黃溁

聖人尚論昭代。嘆其才盛而德至焉。夫武用才以戡亂。似不着舜得人以輔治。然而周才盛矣。德亦何嘗不至哉。周之代殷。武王之不得已也。且經綸宇宙者才也。培植人才者德也。而才與德之所會。又各因其時。時有繼治繼亂之不同。而御才權德者。遂不能無升降之感。孔子刪書至泰誓之篇。蓋嘗三致嘆焉。前乎武王者舜也。舜有臣五人而天下治。至武王誓師之言。則曰予有亂臣十人。武。武之不得為舜也。時使然也。十亂之不得為五臣也。亦時使然也。然而周之才。則可謂盛矣。夫才難之語。自古嘆之。乃前有五臣。後

法

有十亂聽其弁而使再見五臣逮事帝堯十亂特佐我武以一代而敵兩朝雖桓武之班尚未盈成數而夏商之佐終不得比隆以一二難君彼以盛若此自唐虞以來才未有如我周者也一意等才也齊以之輔治武以之戡亂等用才也舜率以事堯武率以伐紂歸周之際非復唐虞之際矣聖人亦有慚德乎是又不然周之有天下也孟津大會存武王十有三年之後而周之宜有天下也六州歸命在文考三分有其二之年乃以文也然守臣節凜天王聖明之思武也旅承先志盡臣子恪恭之分至於紂惡已稔曆數有歸然後十人夾輔牧野誓師吾固知武王之不得已也周之德其可謂至德

也已矣六唐虞君臣合德故神聖相濟以致大一我周父子合德（十本乎德論世共眼）
故王國克生以除槃亂才所由來非偶然矣（應起講）君子觀周德之至而
益知周才之所以盛也

聯絡變化古氣淋漓　黃懷亭先生

講周之德併武王在內與集註小異然道理自是如此非謝崇
之賛文眼武遂落蘇氏見識矣武王十有三年前何嘗不服事
朱子言看文王亦不是安坐不做事底人使更在三四年亦
將為武王牧野之舉矣至於武王伐紂亦豈有取之之心順乎
天而應乎人耳如此議論正非曲為武王回護也　自記

氣局嵩與孟堅相上下○以時字立論與韶武章程註極合陳
獬斗
不曰文德而曰周德從此得間將才德說成一片詔世有識眞
筆氣之發厲縱橫更可穿天心而出月脇表經方稱左
舜有亞

舜有臣五　全章

戴學院科取興化府學一等四名　黃文華學彬

周亦可比于唐虞、而用才者又有至德焉、蓋才惟唐虞為盛、而周已繼之、況乎以德用其才者、又互映于唐虞哉、且造物不乏精英之氣、視乎當世之有其才、尤視乎人主之善用其才、世之衰也、朝有陛而無其賢、山有阿而老其士、即或英雄有志拔茅而不知善用、竟以成乾坤之陋事、士君子曠觀千古、非獨嘆用才之難、而所以用夫才者、亦甚無與耶、古來稱得才而善用者、惟虞舜、而舜則豈徒以才用才哉、述其受終文祖、堯禪之也、天工人其代、百度以允釐、其佐舜者皆、、佐堯也、人才之盛如此、可以前無古而後無今矣、不知唐虞以揖讓而際風雲之會成周亦以忠孝而拜蹌濟之郭合兩朝之賢佐始盛於斯則五不為少十不為多才難之嘆正以見周之盛也雖然吾獨為周疑焉二女嬗溈汭之型豈難軼邑姜而上之乃史書紀德之外不聞與禹皋益稷同表熙載之功而何以西岐宮闈獨爭戮力之私（原評用唐神堯宋藝祖事甚有逸致）安知十三年中之養晦婦女不皆蓄剪商之志乎乃夷考當年三分有二之後固猶然服事之初心也天不福報于吾周則下民之秬秠何賜乃中心藏明聖之君而四友之効忠仍維持乎國祚觀夫如燬猶勤王室而臣罪彌歉然也則父作子述知隕行善事之謗俱可而定崇虎庸來之罪（李杜驚人語）天既眷顧于西州則弓矢之惠賜浙雄乃片念

載天王之威儀不世之鷹揚與幸君之一悟覿夫爰甲猶存憂患即

明良更何知焉則父忠子孝知整師討罪之舉直可上而對舞干（原評快合唐虞更妙）

羽之風嗚呼德至矣（唱嘆入古）絕不意天壤間既有唐虞復有成周也哉蓋河

山大器帝王之乘運或殊故官天下與家天下各因乎治亂之局而

不必相仍而統馭承天萬古之心源可証故彙人才端由世德早定

乎持世之權而初無異旨不然吾夫子立定哀之季又何以望古遙

集而情獨深于我周哉

善讀書人自工運掉使有婦人焉句更增無限烟波　原評

議論沉雄聲情慷慨起伏頓挫純乎大家　周孔成

舜有臣五人而天下治

黃際飛

唯得非常之人、故成非常之治、夫舜之治豈後世之治、舜之臣五人、豈後世之人哉、得人而治、殆非常云、蓋聞世必有非常之人而後有非常之治、非常者不唯常人之所驚、抑亦非常人之所異也、（照武王）蓋有大神大賢之人以為君、而後得大神大賢之人以為之佐、則其時之盛、難為古今之所不經見、而其時之治、亦為古今之所不易覯耳、何則、以天下之生也、後世未嘗不治、而府修事和、必溯其功于中古、則尚非興衰反正之足以為功、（紹下亂臣）以求治之效也、後世未嘗無人、尤賡歌喜起、必仰其熱于中天、則猶非總干肆伐之所以為烈、然則以今日而

觀舜其天下治也不亦休哉而抑知舜之臣為何人舜之臣之人有
禹法
幾人哉彼自咨命申命以來下及朱虎熊羆則九官羣牧之濟濟不
二不知舜則則何為者人之少友赤
難悉數也而一時而萃三代之祖則比肩者雖與為儔矣抑自建官
十人之多
惟百而後莫非天工人代則百僚百辟之師師濟濟皆人傑也而一堂
而驟衆聖之材則度德者纍于倕羣集以今思之禹稷何人耶契何
下文推祈請才賞德之用于世可見
人斯而益佐禹皋總契雖若各任一官而寔非一材一藝之僅有偏
長分其材力足兼衆美而適以一官顯也彼其所蘊蓄者僅得竭其
知此任人字也爰稼穡心
藏乎則五人獨有千古耳而水火已治耶稼穡已治耶而教養咸刑
淵教雖若洪理一時而寔非一世二世之僅流其澤而其蘊藏長留

舜有臣五　十人

歲試詔安縣學一等三名　黃澄清

治亂皆得其人天也。蓋舜繼治而武繼亂，遇不同而均以有人傳，庸非天乎。且世欲治則賢人生，世欲亂則賢人隱，此固古今升降之大概也。然當極治極亂之世，則天之誕英毓秀以為宇宙所恃賴者，每不得挑升降之說以泥之。若是者其唯舜武乎。

（○補○充○）（○高○滑○）

稽古帝舜側陋升聞，受終文祖，爾日之人心欣欣願治矣。然而治必有治之由，設也治求無人，教稼無人，作士作虞俱無人，舜雖神聖，其如天下何。乃胡以還溯帝廷之上，或為股肱，或為耳目，其出類而拔萃者，固不僅燧皇之四佐、軒轅之六相也。蓋自混濛初闢，文明漸

（○治○亂○二○字○天○然○闢○日○）

（○觀、筆、少、不○滑、○注○下○降○宇○推○原○）

向若編精選

大意為兩有字著精神

肇以来天一若應平成之未盡奏而故篤生禹稷諸英以大啟數千年極治之休而不留遺憾迄今讀史者撫亮工熙績之典疇不

字法

法

畢然高望而揚其美曰舜有臣五人而天下治一戴觀武下孟津載

對法

主觀政商郊爾時之人心豁上思亂矣然而亂必有亂之反設也

對法

分左無人分右無人鷹揚燮代又無人武雖英斷其如有啟何乃

并注有婦人焉二句

胡以緬想渡河之誓或為治內或為治外其同心而一德者固不

補夏商

僅箕山之元老莘野之阿衡也蓋有黎老播棄忠良焚炙以後天

一若應纖德之未易除而故特鍾旦望諸賢以力挽數百年極亂

之運而底于清明迄今懷古者慕取殘張伐之成疇不悠然神往

劉法而述其言曰予有亂臣十人蓋自是而可折衷於孔子矣立局如山下語如鑄聲色不動中函孕萬千王錢典型於今猶在

楊億稱章德象有公輔器謂閩士輕狹而章深厚有容也余賞歎是文亦正以其氣體深厚無輕狹態度方靈臯

舜有臣　黄

向若編精選

舜有臣五　全　　趙炳

統觀古今人才之盛、而知帝王之心一也、夫有虞之後、人才莫盛于周已、而猶率天下之才以事殷焉、誰謂虞周之取天下不同哉、亘夫不處古今大變之日（虛擬偏論）、天下之才不生、不覩古今相反之人、聖人之心不出、夫人生才以治未治之天下、亦生才以治大亂之天下（待出孔子尚論）、而聖人當從亂之後、每多不得已之心焉、後有臣竹揚扢昭代之才、表章先聖之志、安得以行事之殊、忘其用心之一也、夫古今人才莫盛于唐虞禪代之盛、亦莫盛于唐虞、其次人才莫盛于周、而易暴之感、亦莫甚于周（此段正見妙法不可忽畧讀下去）、夫子一旦欲舉而一之、記者先志之曰、舜有臣五人而天下治、武王曰、予有亂臣十人、曰五臣者何、稱五臣而夔龍輩不必更舉

補法老極

也舜有者何舜所此不有之後此不終有之而歸之舜有也至武王之心遂有他人不能代為言者不得不舉泰誓明之以亂名其臣以十人當其億萬其中徘徊抑鬱猶然臣罪當誅之意焉求如成湯之恐貽口寔亦不可得宜孔子誦才難一語而不能不反覆三嘆于斯也夫唐虞處造化方開之會人才勃生之初慶發于斯為盛焉倘兩帝生不同時落落千餘年閒我周六才豈不獨絕千古而我武撫而年有之以襄治而有餘者以迄亂而若不足況盟津來會之前周守臣節者十三祀矣考照臨之日不越西土者終其身待使渭濱之年已老而更老且輿之材可封而不封設紂惡未盈而自悔武王子泣諫亦臣服殷頑樸棫之士徒淹沒于岐封矣欲與虞廷諸彥較量盛

神采　善為世變　其發　遠壯

衰。豈可得乎。嗚呼。豈不可謂至德也哉。救天下之大亂者。不得不顯天下之才。故驅馳定難。不敢諦代君之寔。而多士之功名。炳乎天壤。（光芒射斗耀月）康宇宙之大節者。不得不藏天下之才。故遵時養晦。不敢忘君臣之分。而聖人之心事。光于日月。周家世德。且與唐虞比隆。豈獨人才哉。

王摩詰詩云。干戈將揖讓。畢竟何者是。蓋深恥禪代。而以誅伐為正也。然統看作兩種事。其寔聖人以天下為公。誅讓原無二理藴。子曰。武王非聖人也。得此始翻一案。章素文原評

論斷劉決。作史之才。其光偉之氣。可望而不可逼視。豐城寶物。豈假落庸冶手耶。奇才大才。張覺四

趙明遠真稿　上論　舜有臣

第二十九冊　卷八十五

舜有臣五　三節　趙瑞晉

紀才於虞周聖人於其盛而嘆其難焉夫周才之盛幾等於舜之五臣名其難即因盛而見乎聖人之論蓋爲周慨也自古受命帝王曷嘗不需才蓋有〻其才而不以舉事者矣未有無其才而能治天下者也每世之降則才生焉而才用焉自堯以前尚矣靡得而紀云故書道唐虞之際詩述殷周之世其盛衰難易之故可睹焉昔者堯禪天下於舜〻之天下堯之天下也舜之治天下之人亦堯之治天下之人也禹治水稷治百穀皋陶治刑契治人倫益治虞衡山澤此五（于首節中見得才之盛于唐虞之際）人者先事唐繼事虞其勳爛焉莫不聲施於後世嗣是而有夏以迨

甲戌科大題十八選　　　論語

有商不聞以得人題。豈遂無之。大抵無如此之（伏盛字）盛也。周以來乃頗可

者蓋我周作人之化。始於文王。詩人所為賦棫樸也。天下士亦多歸（伏胥尾）

之武王。代商而有天下。其才皆克盡其用。與禹皐等爭烈矣。武王嘗

自言之。同予有亂臣十人。蓋幸之也。其後數百餘年。而孔子以布衣

論述六藝。序列古之仁聖賢人。於（接此句神妙）我周三致意焉。曰嗟乎。人亦有言。

才之難也。參以周觀之。豈不誠然乎哉。天方令周乎海內。非一手足

之烈也。非非常之人。又不能以樹非常之功也。當是之時。而才出且

得十焉。十亂數也。可謂盛矣。惟較之於唐虞之際。其數雖遜焉。而盛

稍不及之。外此未有能及之者也。然吾嘗攷其姓氏。十人者得其九

焉。其一婦人也。以婦人而與於其中。姑以備乎十之數云耳。夫不難於九。而難於一。以此益見才之難也。夫其盛於周而猶有若於周以此益見才之難也。而況乎世之降與才之衰更微甚不足數也。嗚呼可不謂難哉。雖然才之難也。其出固不偶也。太平之興必有左提而右挈。奇才之出。不為庸主與亂邦。商之天下雖文王少延之。而安得不歸於武而定於十亂也。

敘前節處即見得才美盛於唐虞之際。敘才難二句即揀出周字。則周才之盛幾等於唐虞與周才之難處不煩言而皆解矣。至其用筆之古雋跌落之奇變則固歐陽子之傳匹也。

舜有臣五人而天下治

丙辰　蔡雲從

記虞臣而拔其尤，得所輔而虞治隆矣。夫舜固紹堯以致治者也，為記其所與輔治者，五臣之有，非其尤哉。故誌之以為舜幸也。曰：治道本與世運相維，而治人必以紹傳而極，故天生一繼治之聖以持帝運之終，而天尤必生共治之英以鴻帝廷之緒。蓋其所以紹前業而錫平成者，于主治收其半，寔于輔治統其全。用是曠覽古今，神遊帝世，而不禁有懷于舜也。夫舜非繼堯以有天下者哉。賓門納麓，久聞協帝之稱；本元德而大經綸，豈必俻百職而始奏乂安之略。文明濬哲，聿著重華之譽；由精一而光大業，不難藥夾

輔而獨致庶績之熙蓋千古之以治天下顯者宜莫如舜然而舜
之治天下也其遇有獨隆其事有獨邃皇古之運蓄極必開天故（亦用逆入）（句中有眼）
儲嶽降之精于有虞一洩其蘊可觀氣運而徵交會於明良功名
之遇塞而乃通天必令翼為之佐于虞治倍煥其功可繼陶唐而
尚無為之主術蓋治天下者莫不有臣稽舜之所有其最著厥惟
五人草昧初開之會即經神聖之締造恐難措一世于蕩平惟五（寔從五臣疏出天下治）
人出而調劑攸宜易洚洞而久安易龍蛇而樂利上既有以慰七（煞定）
十載之憂勤渾噩甫闢之餘即竭聖人之才力豈易置天下于上
理惟五人起而運其經猷草茹毛而粒食革卉衣而絲桑下即消

以慊五十年之心事蓋簡在之英恆不輕出故功名反為氣運所間而亮功熙載經緯可與日月爭光然帝臣之生樂覩其會故氣運若為功名所轉而平地成天大業要與史冊並廣當日者水土不治曰咨汝禹五穀不治曰咨汝稷孰作司徒曰咨汝契孰作士曰咨汝臯陶孰作虞曰咨汝伯益此五人者天生之而舜擧之記之曰舜有而虞之治不誠獨絕千古歟

點五臣作結古趣洋溢

對針際字着眼便使語無泛設尤妙在有字寫得精光併露已為下於斯為盛句立案也綴珠之精幾于伐毛洗髓 唐端士

遒鍊警峭氣局仍是堂皇端莊雜劉麗故藻繪處都飛動也 一老

入科小題文粹 論語

嘯嵋

舜亦以命禹

崇文諸錫恩

繼帝統者承帝命帝與王一本於中也夫中者本天以爲治者也舜以是命堯即以是命傳禹夫豈能外是哉且昔虞夏禪讓之年為帝王代興之運說者謂名位有遞更授受亦不無遞更焉不知官家無異局一德可純於三朝揖讓肩真傳王謨胥原於帝典然後知下以啟三王之始者即上以承五帝之終有異名無異道也一知堯既以執中命舜矣夫舜固繼堯之天下而開禹之天下者也亮采著司空之績初不若有鰥崛起作瞽子之發庸則文德誕敷應昇聖神廣運也稽古者保無有帝升王降之嫌羣期

之勳又不若上曰受終為帝廷之熙載則拜稽虞陞應殊
階也讀史者保無有文祖神宗之判而孰意授與受道相同也帝
與王統無異也其命禹也益亦協於帝云三十載之倦勤如昨也
向使嗣位有人不至鼓舞貽重瞳之患禹亦何自對揚休命乎而
舜固有不嫌於相因者所以統曰繼統冀方啟紀被陶唐承日祗
承明訓聿遵諸皇祖懋乃德者無俟讓於德此華之所以稱重也
而膏飫諸篇可不錄十六字之心傳可接也向使虞廷有訓則以
淵源為佈告之經禹又何自弗替天命乎而舜固有無煩於紹制
者所以章守舊章明德豈殊於元德典遵成典溫恭齊洽於允恭

亨乃續者猶然庶可續此韶之所以言紹也而汨作之說可從刪
萬或人君嗣立欲新氣象於太平則今日一令明日一令夫始非
創作才也夫舜則有以通其理矣天不變道亦不變而危微精一
暢其音不必易其音於流詠賡効其才非自用其才安邑定都之
日而放勳之統緒不啻為帝王之時[illegible][illegible]焉別起唐帝在天之靈
當亦決纘承之有自也已即使英主代興其廢祖宗之法守而或
贊一詞或更一說未始非守成主也夫舜則有以得其宗矣人心
異道心不異而其書固以堯與畧其代所不畧其辭賡詩統以唐
風更其世不必[illegible]其化璘琨致獻以來而帝室之成規不妨作今

茲之新政觀焉○起後世繼興之主有不待前規之可繼也哉

與酣落筆實大聲宏極才人之能事

舜亦

諸

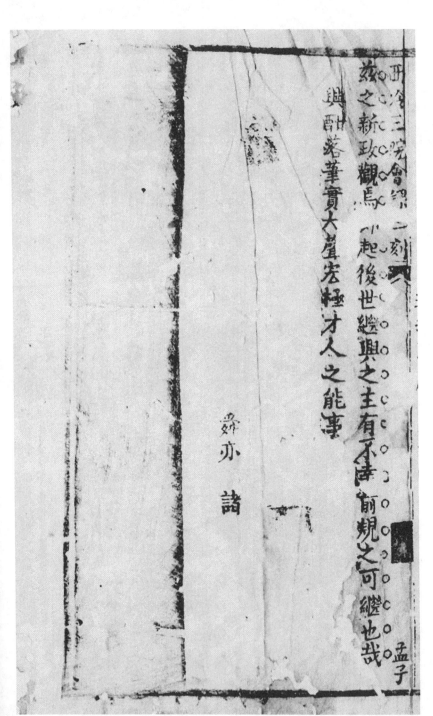

舜有臣五　二節

乾隆壬子江南　潘世恩　五十二名

溯帝王之臣重乎其有之也夫舜之臣堯不有而舜有之武之臣商不有而武有之五人十人尚論者能無追溯歟故夫聖人首出必有非常不世出之人上符乎運會成一堂喜起之休賛四海永清之化尚論之餘不禁紀其事而樂溯其辭也吾嘗執此意以觀舜武上世草昧初闢創造必資良弼故燧人之朝有四佐少皞（以上古儷對比稱夏商地）世紀五官若舜則運值中天人事與天功並起而待一人之經向非臣鄰交贊恐平成未易遽奏耳顧嘗觀治水明刑諸職而舜之臣惟舜得而有之也我思納于百揆賓于四門放勳在位

年方亘僭岳牧諸臣並効翼燕于京世一自元日受終昇以天

而○下○際○字○挖○進○一○層○畏　苦○極○曲

者即此治天下者而亦昇之此固非堯所得而私矣想其時夔

於○二○十○二○人○中○獨○擬○五○人○原○是○卻○者○特○識○少○此○沉○倒○不○得○

朱虎非不足黼黻隆平而惟此五人者獨從二十二人中幾經

○少○盡○須○生○波○瀾○不○將○

試而有之縱當日史臣稽古大禹有謨皋陶有謨益稷亦有謨而

○天○然○一○間○拈○出○新○穎

契獨無聞究之司徒有命同膺簡錫丁在廷可知天下之治非五

人不足以當之亦非舜不足以有之也吾得而斷之曰舜有臣五

人而天下治三代聖神崛起輔理亦藉臣工而文令之佐獨傳伯

益見知之統僅溯伊萊若武王則志存燮伐天時與人事並舉而

受一人之裁成藉非元勳佐命恐昇平未遽明良升顧嘗考誓師

對衆之詞而知武之臣惟武王亦自以為有之也我思詢于八虞
咨于二號武成未告以前亦嘗（照下服事勤成 予有明己老九達）與鷹揚諸佐同分斯贊于天家一
且恭天成命稱為亂臣者即此定天下之亂者而俱臣之此刊
商所得而奪矣想當年叔封史佚非不足參贊鴻猷而惟此十人（之對如五人）
者實從三千人之外幾經審擇而有之雖其後請命作分有德之
（予疾苦）叔有若閎夭散宜生有若泰顛南宮适而餘悉無聞焉一時
心並建殊勳于昭代可知戡亂之英非十人不足以任非武
王不得而有之也而武固自言曰予有亂臣十人宜夫
而歎其難也

許　集恭雅正　諭郎　六

第二節本泰誓之辭。第一節卻是記者自己抽出。虛齋不
當時門人聽言者亦甚高識。便敢以舜之五人爲過十
人。故以五人列十人之上。以起夫子之言。而不以爲此。此則
舜有臣句。自是記者一番論古卓識。不容忽過。文字此獨具隻
眼。通體光明俊偉。若引星辰而上。
精彩。發皇波瀾壯闊。只是洗刷兩有字及五人十人字分明耳。
下節聖言。絕不侵占也。斯謂才大而心細。蔣澄竹

舜有臣　罒

舜有臣五人而天下治

江南張學院科考　盧之玫
無為州學一名

治必得人而帝臣已絕千古矣夫有五臣者不自舜始而總之者惟舜此有虞之天下所以治也五人何幸哉臣五人者何幸哉且吾觀依古以来氏天下之將治也必有人焉輔之此論世者所以望輔治之人大有關於主治之人也顧輔治之人非其時不能有即間有之而人非千古不再見之人則治亦非千古不再見之治若舜之天下則不然當日承堯之業居堯之位此時之天下稱極治矣顧天下之（原評是除字註腳）治非天下自治也天下之大害不除則不治而大害之難除孰雖千舜之時者乃舜之時已無不除之害而天下治天下之大利不興則

不治、而大利之雖興、孰非乎舜之世者、乃舜之世、世已無不興之利而
天下治、嗚呼是豈舜一人之力與、粵稽其時、蓋有五人焉、以昔之比
肩而歌拜一堂者、忽焉北面趨承乎其下、而五人曾不以爲嫌、以義
之師濟而共戴一帝者、忽焉南面端拱乎其上、而在舜亦曾不以爲
亢、故自攝位以來、已效焚山濬川之績、嗣是而農官播穀司徒敷教
凡爲天下去其害者、必繼之以士師之明允、而後舉前此氣化未平
之天下於是乎悉去其蠹、抑自受終以還、循歷同寅協恭之警、嗣是
而養教並除民物咸理、凡爲天下致其利者、必先之以宅揆之明德
而後舉後此禮樂日興之天下於是乎遂開其泰、蓋唯舜實有協帝

○字○卷○筆○
○郁○照○際
二字未妥○

原評：處處頂際字。名句。

之美故五人之有於舜不啻其有於堯而蛇龍水火不擾恭己之術

明一抑唯五人實有一德之休故舜之快意於此五人無異堯之快意

於此五人雖誅殛放流無損聖人之雍動元首明而股肱良天為天

原評：已有一盛字落想並為

下而坐舜并為舜之天下而生五人即分之已為三代之祖而合之

乃成一世之奇賡續熙而賡事康舜為天下而得五臣乃天已先為

對張前

紹堯之天下而生五臣即撤之無非命世之材而聚之特創闢天之

業憲豈非千載一時哉後千餘年乃有武王之事

處從際字盛字落想乃與章脉關合作文正不可徒死本句下

也　汪武曹

閱題有限人後爾多警句

直省考卷篋中集　舜有臣盧

舜有臣五　然乎　　錢

帝王之有才也不易故聖人致慨其難焉甚矣才不易有也彼舜之
五臣武之十人皆天下才也乃夫子論世至此而有才難之說豈無
故歟且古今一人才之天下也天下大治則生天下大亂則又生是
（賢拈才字又）
人才者一世升降所由也而有才之人又往往不能獨自為一世故
始之聽命于生才之天繼復聽命于用才之人其責重則其遇彌艱
而以相須之殷者求其相得之不疎此天下後世致嘆于人才之難
得為足惜也吾夫子尚論始自堯舜歷夏迄商以至昭代凡世道之
（開　提起）
汙隆人才之聚散未嘗不三致意焉一日記者獨取舜與武而兩列

國朝試牘冊　十論　江南趙宗師歲試一名　一硃槐居

國朝試牘

十論　江南趙宗師歲試一名　一謙裕居

之夫舜之天下即堯之天下也則舜之臣亦堯之臣耳側陋一耕夫而隱之舉數百載開創之人萃于一堂此雖天之厚以篤中天之聖（論古具有卓識）乎亦即陰以顯才人之奇也是故舜之治天下也不有五人其何以大垂裳之化甚矣才之係于佐治者急也舜有臣五人而天下治舜之得才也如此夫武之天下文已可有之也蓋武之臣即文之臣也觀變者十三載而一旦合祖若宗培養之人創舉非常此雖天之深以懲暴主之惡乎亦即即曲以作君臣之合也是故武之繼戡亂也不有十人其何以成耆定之功甚矣才之係于戡亂者重也武王曰予有乱臣十人武之得才也如此孔子論世至此

（深下直○提）

而知人才之不偶矣宇内有若人之才不必洪無少　亦（嘅濟）
亂者生可也不生可也至于其人之才寔足以用世而又不可不為
世用其篤生正非無因也鍾川岳而降異人而遭逢多故天若有所
遲回則才之難者存乎天積歲月而成奇士而蒼生屬望吾尚無以
副蒼則才之難者又存乎人懷奇蓄異之流誠間世而一出也吾向
聞才難之說而疑之今思之誠如若人言天下無是人之才未嘗不（戩性題面）
治有是人之才亦未嘗不亂者生可也不生可也至于其人之才初
未嘗寔時而寔足以濟時其蓄積正非淺鮮也天地能生之而特以（雜字紫出許多妙義）
用之之權為帝王操則才之難者存乎其遇帝王能用之而又以用

之、推為時命揆則才之難者更存乎其數倜儻非常之輩與氣數相感召也吾向聞才難之說而信之今思之不啻為人言才難不其然乎觀于舜之有五臣如此武之有十人如此而愈慨然矣

促于題之外以為才非我所謂才也困于題之内以為法非我所謂法也惟振筆而書爽氣滿前　高藝菴

徜徉瀟洒對之有西山爽氣　葉隱

舜有　錢

舜有臣五　才難

戴瀚

帝王圪得人也、聖人神性而述古焉。（虞住載下）夫舜與武王。治皆人才力也。（吁嗟生風雷行）述古之云才難夫子豈不欲以己意論定耶且君臣遇合之數建（佐劉才難三字恰住）樹非常者及身而慶風雲烏知上下千百年尚有感歎無聊搔首問天之事乎然古今運會所關功業條著于簡編論定必衷於至聖為感至聖不以己意為衡而高望遠矚焉則感歎無聊之語有君自身慶風雲而特著者昔舜之有天下也其始兢兢乎知人則哲惟帝其難之（鶲動無痕）是念己而治水有人掌火有人播穀有人敷教明刑有人天下遂以大治爰臣載紀五人不稱堯有而稱舜有者堯

護下唐虞之際

舉舜舜舉五人其治蓋猶治堯之治云爾也迨後千餘年而武王

興我衣壹著而永清大定與恭已垂裳寔輝映焉而武王曰豈繄

予小子之力惟茲十人克左右予其時席壽考作人之烈于家有

渾樂十

人有斯壯采

麟趾于野有鷹揚遠不遺魚鹽近不遺宮壼夫孰非武王所撫之

心慰者歟嗟乎五人十人者亦舉而遇舜與武王舜與武王亦舉

而有茲五人十人耳設也有臣而無其君才將焉棨有君而無其

折入才難只帶定治亂意不纏五人十人數目字樣

臣才將焉取然則明良賡而棫樸咏生民以来幾見此平成幾開

善于唱下

茲變伐以視世末流仁賢不信而致空虛淪誹盈廷而悲淪敗

二字失降

盛位無赫赫之光高才多戚戚之窮幸不幸何如也或曰才難豈

地也

舜武謂哉然而孔子則有詞矣詞固曰才難矣是言也非孔子之

虛住妙

泛言語滑

間攙萬石之嶒代衰黿之鼓

言古人有言之旨也吾不知古人憤發於何時大約非關門之所

擯黜俊之所留所爲夫志而歎歔也吾不知古人慨寄於何因大

約非四凶之所眠三監之所憑所爲觖望而怨恨也又況喜起之

倫豈以自傷其不偶夾輔之彥豈以自媿其非賢且舜不言難於

熙績之餘而古人焉能代舜而鳴其憂勞武不言難於陳師之後

自文

而古人焉能代武而訴其飢渴而孰意孔子意若忌乎其爲古人

采古語二字點化妙甚

之言也者又若明知爲古人之言而亟欲取爲已言也者直曰才

難何也竊嘗考之史氏記事記言知舜武之治賴乎才而不知才

正根集

所由鍾。知五人十人之才顯乎治而不知才所由昇迨覲我孔子徵信古人會心遠而想慕無窮抚懷高而流連不已然後恍然于（不可增一）古之為是語者不啻于舜武三致意也吾徒得連類記曰舜有臣（字方是截下神手）五人而天下治武王曰予有亂臣十人孔子曰才難

題既截至才難詮註一字即連下文矣時手直將九人而已一一說盡否則噤無一語得非笨伯耶此只以才難二字原屬古語而孔子曰下無古語二字遂尔剗題之縫得如許波詭雲譎之觀使不甚然乎四字愈隱愈現藏若景域行猶響却遮盡題緒自然非予能作狡獪也　自註

舜有臣五　全　　謝　珩　楚白

周才𡠗美于虞周德亦無媿于舜也夫五臣十亂周才殆與唐虞比隆矣然服事之初不以才見也聖人所以深嘆至德耳嘗觀帝王代起無論官天下與家天下而總以人才為亟人才之一盛于君臣之相際一盛于父子之相承乃相承在父子既可比隆于交讓之君臣而當其先格守臣節有才而不輕以才見則又非獨才之盛也德亦無以加焉矣聞嘗上下人才而穆然于揖讓征誅之代也以揖讓得天下莫如舜而師師濟濟皆之服事乎堯者轉而服事乎舜而工虞水火平成于焉而奏功以征誅得天下莫如

（上下融成一片許多精意[illegible]）
（交于此）
（然首末曲即為）
（際字珠本）

武而左周右召昔以周臣而服事乎殷者今合殷臣而服事乎周（穿插未節）而同德同心風雲于焉而會合五人十人所有何其盛與而所以（精彩）致斯盛者豈偶然哉試觀尚書所紀禹臯稷契皆比肩事堯則五人者堯有之也而亦舜有者堯開其始舜承其後神聖相繼明良（全為末節安議）一德㒷哉尚已至若十人興起商季宣力侯服無論榮畢適散諸臣盡屬商先王尊賢敬士之報即兄弟濟美徽音克嗣孰非舊服（如頌莊舞劍其意常在沛公）舊臣為商楨幹者乎周之才皆殷之才武安得而有之至有之而紂有臣而無臣武無臣而有臣始至牧野陳師膺揚著績商郊杖（全為本節寫實字字始）鉞元公戡亂維彼畢散亦屬從龍兼之閎夭亦稱佐命武王固抱（不脫有婦人句）

愧唐虞彼十人不懷慚五臣也哉何孔子感嘆才難而謂其媲美
唐虞也蓋十人之無愧于五人者在明良際會之交即武王之無
忝于虞后者在世德作求之際假使武有急于用才之思諸臣有
急于見才之意則當三分有二時一舉而大勳可集奚俟十有三
年後始起而應天順人乃武也繼文之志絕不萌於克商之心
諸臣體君之心不敢輕為大介哉衰之舉以才如此至德如彼不
獨用晦堅貞上繼南河一避即髦年齊命猶兢兢自受終矣而後
十人為武有不異五人為舜有也均之非偶然也所以思皇奮起
不曰殷之臣不曰周之臣而專之于予者明乎上帝篤生不敢自

同于播棄明聖是藏不曰文之德不曰武之德而繞之于周者要

（回龍頹祖異彩繽紛）

見忠貞世篤因以降生夫賢佐周之娩美于虞豈獨以其才哉雖

（綠波綺麗　文母二字尚可商）

然英皇內助不在翊贊之列文母嗣徽遂叅帷幄之勳此又今才

升降之徵也夫

精神全注末節周才盛而周德亦未嘗不至明征誅之苦衷杜

亂賊之僭竊有功名教之文　楊維斗

體度端莊非貶近格律厲之德依經立解發微闡幽扶植名義

豈止鎔鑄全題首尾貫通　姚行表

議論英偉局法更自渾成依經傳義絕非天崇時背謬惡習。

舜有臣五人

江蘇槧學臺科試一元
知縣學一等一名　顧宗泰

首稽得人之數協帝者克有帝臣焉夫舜固嗣堯為君則凡堯之臣皆舜之臣也為稽其數厥惟五人非不易有者欤嘗讀尚書而（注下際字落）堯典冠以虞書說者謂出自舜史氏之手而不知重華克繼放勳（盛與異恒蹊）有協帝之休即有官人之量寔可合而著明良于千古夫天生聖人不數生聖人以繼聖人又多生聖人以佐聖人則更不數而惟微庸在位之主斯亮釆惠疇可稽其俊乂在官之數矣今夫稽古而覵舜固嗣堯為君者也其於堯也當日不猶是臣哉（二比風骨峻整猶見國初人手筆）考元日受終以前歷試諸艱特奏納麓賓門之效故陟位猶俟三載而乃言

考績惟起而賛庶事于明廷而自四岳用咨以後深期熙載分任
工虞禮樂之官故宅位且至耄期而庶績其凝直統以命英流于
熙陛然則舜向為堯之臣者總且嗣堯為君而凡堯之所有莫非
舜之所有者也夫其臣豈易有者哉乎厥水土曰惟禹也播厥稼
穡曰惟稷也敬敷五教曰惟契也克明五刑曰惟皐陶也至掌朕
虞而同佐修和者曰惟伯益也間嘗神游乎陽蒲阪之區遐稽俞
稷○契○
受敷施之量而歎非舜不能有此五人非五人不足為舜有也嗚
禹○皐○
呼舜嗣堯而得有臣五人參乎古英賢之輔主每崛起于草茅而
一二人已足徵其瑞此耕莘築野其遇合亦載于史冊中也若舜

之五臣則不同崛起于草茅而疇咨若采實俱為帝世之良弼焉
夫文祖告廟而後其上無改玉之嫌即其下安協恭之誼而天擇
神光獨遠
交羲耆統熙朝而著其義故佐七政者有五人釐百工者有五人
而五人皆濬哲文明者之所培植矣千古英傑之匡君其先舜留
傳于宗祖而一二人已足賴其酬此伊陟甘盤其結契亦光于載
籍中也若舜之五臣則不獨留傳于宗祖而有緣師錫實親見帝
庭之揖讓焉夫羣僚輯瑞以還其初有正始之規即其終有亮工
之命而喜起一心直考衆績而嘉其會故襄三事者有五人贊六
府者有五人而五人者皆黜陟幽明者之所休養矣欲為天地兆

乎成則經畫必資乎碩彥乃計所有而止五人何其少也然得百

庸流不足重得一良弼已足欽況人而至五不可謂不多也一堂[illegible]

注下文用意與光想而獨失

師濟直萃日星河嶽之靈而分職命官不必進而問英皇之內助

欲為帝世開歌紀則贊襄必賴乎賢良乃計五人而皆聖人又何

其多也然百揆時敘之始並列聖而同為臣三十在位之後無列

聖而獨為主又世所少見者也一廷勳業大廣水火兵農之用而

論材受位直可綜而兼羆虎之分猷由是而天下治矣然惟舜嗣

堯為君故堯所有之臣皆舜所有之臣也嗚呼其惟唐虞之際乎

法下際字全神都湧偉論英思必爾方可點竄堯與舜與 原評

火

清頴集　劉瑞荃

勞心於所使矣夫火之掌也急先務也益之使也能知人也舜之勞心已如此且自炎帝氏以火紀官為火師而火名說者謂神農之號著其功炎帝之氏著其實也乃上古之紀官有取乎火之瑞故名從乎同而中古之命官有取乎火之權故職從乎獨蓋世既異而任人之意亦殊矣如堯以洪水之故而舉舜果何以分堯之憂哉舜於是登高而望曰天下之大患在水以水濟水而水不治以土障水而水尤不治此非可以縣圖也夫患之積也必有所由滋而災之弭也必有所由始今者綜覽天下之大勢而得其故矣是蓋非火不為功雖然

孰可以掌之者哉自高陽氏以黎為火正而兼司地迄高辛之世已微矣陶唐之火正閼伯嘗為之然其居商邱也才足以守常而機不足以應變力足以循職而功不足以救時非常之任非所堪也孰可以掌之者哉舜則曰無憂也有益在予其使之夫掌之云者專詞也烹飪之火鑽乎燧祭祀之火取乎日猶細也而掌乎鉅不掌乎細則職有獨專卿掌之云者兼詞也田獵之火有其時耕耨之火有其法猶常也而掌乎暫不掌乎常則官可兼攝於以見益之掌火也奇矣堯以火德王而水患方興舜以水災舉而火官先命此固四目四聰所交集以聽瞻也舜惟相其急而使之雖伯益殿五臣若旱兆夫玉女皂斿之寵錫故帝世疇咨所未及遂首錄異才於翼為明聽之先於以知益

之掌火也難矣作士有象刑之明而掌火非其世職征苗有昌言之贊而掌火尚在少年此其一手一足所克勝之擔荷也舜惟擇其能而使之雖咨益有後命若早相以祝融回祿之神靈而帝廷簡畀所獨隆遂特膺重任於朱虎熊羆之上自有此使覺五行之序火列乎次而六府之脩火開其先其功為後日惟敘惟和所自昉自有此掌覺四時之火變於國中而一時之火光於天下其職非後世司烜司爟所能參山澤焚而禽獸逃未知於烈山氏何如而承舜命以分堯之憂者固已先於禹矣

舜發於畎畆　全章　王思訓

自能生者知其所以生矣。夫古今人多矣。能處其患則生。則安

樂而死。可不知其所以然乎。且安[illegible][illegible]死而[illegible][illegible]聽人自我[illegible]壁

賢則不死。庸人則處[illegible]各以其[illegible]與性分生死而天[illegible]如何矣。然

則天下生之途最寬。而人避之。死之途最隘。而人趨之者何也[illegible]何

毋以古今來。知舜如[illegible]如[illegible]鬲管夷吾孫叔敖百里奚。毋[illegible]若窮

餓。拂亂所為。瀕于死者數數乎。抑知由此而心動而性忍而才發

增益。天即降以大任。而厚其所生矣。豈非聖賢能不死而克盡

物生我之深意哉。雖然。窮獨聖賢常人能之矣。亦不迫之以死亡

〔至此言人但見言段〕

主欲死天亦不能殺之以生理固然也吾嘗附憂患安樂驗之今夫

憂患者世患其能死人而其境偏多吾謂善處憂患必無死法而〔從能句透暢發之〕

人遯避之畏天窮其生之途以誘大而人自不悅生者也安樂者〔敏妙〕

世愛其能生人而其境偏少吾謂溺于安樂必無生理而人亦趨

之是天臨其死之途以恐人而人自不畏死者也人疑是說將告〔點清滑句排更變化〕

今來自發之嚮之〻外有困心横慮徵色發聲過可以不改無法

家拂士敵國外患國可以不亡也哉然後知于憂患中磨勵其心

壯其人未必不死惺〻以死〻無愧而千古常生于安樂中泪沒

其心擇其人未必不生惆〻以生〻無益而一朝亦死義理爲不

文。剛奮發自強而才益鉅。動之恐之而曾益之。古之人處危地而不撓。委重負而不殫。其生平所得力。大率由此。嗟乎。天之愛物也。風霜冰雪以厲之。而後句萌甲坼。有以暢其生。天之愛人也。憂虞險阻以開之。而後德慧術智。有以成其質。然則貧賤者。所以斂福也。顧以此懟天可乎。彼安于時數。恬退而無為者。吾猶以為逆天之已甚也。

古○許○紛○披○

精明諫峻。勁而橫絕。吾以許公之贊白鷹者贊之。方文輈

古氣盤礴。眼高于頂。力大于身。王素修

第二十九冊　卷八十六

○逸民　一節

江蘇莊宗師科入　寶應縣學一名　王　紘

魯論列叙逸民各以逸傳矣夫逸者世所遺也既逸矣謂非民乎故魯論特列之而詳其名云嘗考春秋時頗多高士沮溺丈人皆其選也嗟嗟是特避世而已矣安能以天民大人之身竟同處淪落不偶之境如商周間之逸民哉今夫逸之與隱蓋有辨矣隱者自擊夫世不可為遂退休以自適或事田疇或樂澗置理亂於漠不關心即世有用我亦一徙而不逸何其愁也若夫欲慰生民之望而利見無期本冀大道之行而當遂莫與不得已而海濱荒服間擇而處之降至微職亦且扺足焉夫是故逸之云爾嗚呼世不

冬對來節

我知則亦已矣而必眷眷焉而不忘是何心哉上下千古深心厲

文外獨絕

節之士多湮沒而弗彰者何可勝道蓋不禁感慨係之間嘗於商周之季得數人焉系出孤竹而兄弟皆逃者伯夷也叔齊也寘身荊蠻與兄同徙並不以至德顯者虞仲也而夷逸朱張咸其流亞東魯之柳下惠東夷之少連亦其人焉夫此數人者或沉淪終老或晦跡下僚謂之逸則可耳而繞謂之曰民何哉蓋吾黨之論人

闕出從本

毅光手決出百月矣節在

也不在人之有位無位而在道之得行不得行得行其道則雖位列庶司固不得以民視之不得行其道則雖位登公輔而亦以民曰之民之者微之也亦傷之也義安於草野有不敢不立之標榜

故聖有可以有不可
有不得不通之委蛇潛蛩以齊居升沉不能不聽夫天心用舍不
能不隨夫人事此所以續而紀之曰逸民也吁世莫予宗吾夫子
所以自留逸民以待後而特表其異
且有遺佚之悲矣獨歎子也乎哉子故論斷數子而自表其時中
之用也夫

相與觀所尚逍遙操良辰非此朋曠之華不足以傳之山水清
音自殊人間絲竹金罍東

上半依謝疑則逸民不爲沮溺荷蕢下半依尹許則逸民不同我
孔子來去了然中間不多敘七人更能留下論斷文品高妙肯
于物表靈外渦之傑邪書

逸民伯夷　二節　戎駿聲

序逸者首夷齊惟志與身足尚也夫逸民始於虞仲而叙述必自夷（一篇作法）
齊其不降不辱者未可幾也然必盡如夷齊而數子何並以逸稱哉
今夫以帝王謚號之所不加而獨成其逸并以帝王爵服之所不及
而獨紀以民此必非役於其名而為之者矣前此勾吳之駕不必貽
孤竹以名今茲列國之材不必師首陽之軌夫亦各矢其志焉而亦
各成其身焉而論斷所及若高望於墨胎之遺蹟者則何也一夫逸民
之名實自昉乎周之典也衆逸民士而逸也以逸始不以民終也（抄論）茲
所紀逸民民而逸也雖貴公子國君大夫而皆民也有救於世故不

稱隱惡近名焉故不稱士此其風自虞仲始甄吾則首及伯夷叔齊

次乃及虞仲何歟且仲與齊約以第逸言（隨手千古之大）叔齊必先之以伯夷言虞

仲何以不及泰伯也要各有取爾也溪乎夷齊之逸成而聞風而起

者接踵矣若夷逸朱張柳下惠少連皆其人乎夫謂虞仲之逸先於

夷齊則可謂虞仲逸民之名著于夷齊則不可以聖人視伯夷則齊（丁破折不露）

不能比於惠以逸民論夷齊則夷逸以下俱可嗣其音甚矣夷齊之（刀語夷齊）

（有）足以風天下也一夫子盱衡商周之間不禁穆然嘆興曰嗚呼夷齊其

不得自見其志與身也有如是夫然而不降焉矣彼其虞夏之歌獨

仲千古〻孝之志然而不辱焉矣即其薇蕨之養獨為勝朝社稷之

身蓋隱□以前身白而志隱□以後志顯而身憂藉令商辛可易而仁武亦可安其敬在夷齊亦不欲以孤行其志者置吾身於名譽之中一比海之濱未成其志則不可不愛其身西山之上既靖其身則亦可竟全其志藉令家無廢立之嫌國無易姓之舉在夷齊亦欲以大用其身者求吾志于出處之外夫是為不降不辱也是夷齊之所以居逸民首也而亦僅為夷齊言之也不然夷齊去國而民何虞仲去國而君夷齊以民而逸何柳下惠以吏而亦逸伯夷叔齊生長中國行事較著而逸何夷逸朱張少連軼其行事荒其里居而亦逸也

蕭駿公云上叙列諸人下論斷夷齊握夷齊作主為上下節關合

本朝考卷大題篋中集　論語

人盡能之○突撰虞仲側補夷齊錯出夷逸諸人○章法獨爾奇幻發志字身字如環無端更後變態百出此際外見云入拙手便似敗題目為逸民伯夷叔齊不降其志不辱其身耳得閒于虞仲上節錯綜有致側落下節安頓愈好非巧者故不能與題肖也二評殊悉其美

逸民伯夷　少連　李枝桂

記逸民而列其名、不同而同者也。夫逸民之逸者不同、要之皆以逸稱也、則不同而同矣、故由夷齊而類記之、嘗思古今天下。必有數人焉仔肩於其際而天下之運會一開亦必有數人焉砥柱于其間。而天下之波靡一振、雖然、士君子不得志于時、既不屑以蒼生為已任。而甘以其身為飄零滅沒之計。徒令後之人仰其風徽。詳其姓氏、遂連類而書之曰逸民某某也、亦大可慨矣、今夫人而不自逸。誰為逸之者。而何以逸民稱也。人而自逸。誰能使之不逸者而竟以逸民稱也、此其間有逸其身不逸其事而以逸稱者有

軒：霞舉。

桓子野每聞清歌輒喚柰何

羅兒潤庭望八荒

逸其身並逸其事而以逸稱者有其身其事在或逸或不逸之中
而卒無不以逸稱者試為徘徊今古之間憑弔商周之際則有墨
有節有度
胎公子孤竹賢人始之為北海之孤踪繼之為西山之偕隱伯夷
叔齊民到于今稱之蓋逸民中之最著者矣採薇之遁其將踵採
蟬聯而妙極自然
藥之風耶若然則伯之偕叔而逸也商之齊其猶周之雍乎想當
年讓國而逃欲繼長兄之志遜荒而遁遂成難弟之名則虞仲之
得與夷齊連及者天下事有所附而稱得所類而著大抵如斯乎
然而夷逸之不可考者又何以稱焉嗟乎人生天地間既不能垂
毅不朽俾天下萬世仰高山欽俎豆抑或負其奇才異能光昭史

冊散見經傳若夷齊輩令人詳其世系悉其里居嘖嘖稱道弗衰彼夷逸而外如朱張者商歟周歟將近世歟豈古之人砥節勵行

（繁音促節令人有屈宋非遥極目湘雲之感）

遁跡幽遐不求人知人亦無從而知之潦倒一身淒涼終古往往而是歟然而不盡然也由周而來魯則有柳下惠夷則有少連焉夫惠之阨窮遺佚亦甚矣翩翩世胄不下夷齊虞仲之儔爵爵宗邦幾如夷逸朱張之類至于連之行事不少概見意其立意較然不欺其素或亦惠之流亞歟不然居喪善禮東夷之子亦佞兄弟

（樸茶）

（拂之妙）

並稱胡居乎逸民之數僅舉少連以終也夫無位之謂民之數人者或無位或有位或有位而不居其位或有位而亦等于無位則

李健林時文　論語　啓竹軒

致有深情

相與民之而已矣於逸乎何殊然而大道之行與三代之英安在哉吾夫子所為論列其逸也曰是則同

覸定異字落落寫來有俯仰夷猶之致是為善學龍門者

逸民伯夷　少連

崇明　李尚美　鴻珊

有成其是而適得其逸者、而朝數人而已、夫伯夷諸人、固各行其是也、而已不相師而相倂矣、夫子曰此民也與哉、此逸也、昔夫子轍環列國於楚蔡之郊往往遇石隱者流如沮溺丈人輩杳然高蹈姓氏俱晦子以為此皆肥遯自廿一往不顧未可以訓爰上下商周數百年間取其芳踪高躅可以維持風教者落落數人為之考訂其字號而表而著之曰逸民夫逸胡以者逸者遺也人遺之與抑有心遺世與世不我用我亦不為世用而相遺斯而相適也第目之為民有何居無爵里無名位間有一掛仕版者亦復不展

（業上數章揭出總列逸民大旨）

（白包孝然）

（號逸民二字）

李鴻珊文　論語

李鴻琳文　　論語

覈志不如民之以見不臣天子不友諸侯之意曰此全乎天之民也比於色若白貞方於玉若保璞較之稱賢稱士更加一格迨今（物○民○守○更○適○逸）記夫子所列則有若伯夷叔齊盡墨胎之佳公子也嗣守則孤竹之南面君也此何以逸其始以交讓逸其卒以諫伐商逸黃農既（天○虞○殃○絡）沒命褒安往匪逸胡為然吾溯太王荒岐之時亦以遜國於季节存商於將亡而兄弟偕逃者有虞仲焉夷齊始聞風而起與其事（靖○齊）跡抑何相類也子則以仲與二子行不同逸乃同故從同若是則（以○翻○為○郎○古○文○龍○墳）夷逸朱張其人無國可讓又不經鼎革著忠孝節碌碌靡所表見而廁乃逸民中此又何說蓋安於一服軛之牛挹其獨立之槩有足

想見其風裁猶至於柳下惠終身官魯秩為刑官其非逸也明甚㤺乎（古音）如惠者不與立於朝使為卿尹而僅榮膺一命（又號一波）厄抑下僚身雖仕心隱矣其為逸也又何疑焉夫惠和光玩世袒裼無忤不以禮繩人亦不以禮自拘殆逸者之常態與然則守禮善居喪如少連者亦名之為逸毋乃不稱說者曰連雖以不怠不懈見重吾黨（四家，如榮莘洮人受）而行事卒不槩見與不見經傳之夷逸朱張等故曰逸也統而核之勝國四美（餘、賞、散、成、綺）本朝三傑逸民之聲氣若易應求然而臣爵十亂才秀八元逸民之清風無多屈指要非夫子之論列則夷齊虞仲外灼乎在人耳目者罕矣

李鴻珊文

論語

論語

李鴻珊文

沈歸愚師

純用峭蒨之筆逸民二字亦處處架梁點次諸人空中起步

鉤纓蟬聯動與古會純以神行孫在岡

逸民伯

逸民伯夷

紫陽 沈有鈞 復石

民以逸稱其褎然居首者可先述焉夫無位而稱民亦無位而成逸記者於商周之間獨以伯夷冠之意深哉且古今不乏高蹈之賢而商周獨多全名之士儒者時衡往事將欲合千百載之高人為之表章而論定則有開必先不得不以墨胎之家子發凡而起例聞風興慕之下正令人首屈一指也嘗讀微子一篇所記接輿沮溺丈人輩類皆憤時嫉俗遁跡邱園將古之所謂非其君不事非其友不友者意諸人其流亞歟雖然此特隱焉已耳非逸也非民而逸也夫逸民不自在逸民在哉且民至不齊矣洎修民有述

西泠三院會課千刻

論語

民有友民有歸民商周之間尤可考而知者觀其時志士仁人若微箕干鬲之班或以去如箸或以死節顯且或以魚鹽負販遯跡市屢後之人傳今思古曷不取微箕干鬲而類記之而何獨重乎民何獨重乎逸民今夫兩朝新故相乘之會正一代人才奮興之秋也商周之間非其時歟逸於商可不逸於周民於商可不終其民於周兔罝之野闊矣進矣渭水之濱尚父升矣即不然如元黃之犒君子壺漿之迎小人棄暗投明未始不可以功名顯而奈何有叩馬而諫致動左右之兵者君子曰此義士也能實倡之而相率至是哉爰稽其人則曰伯夷抑又聞之九官之命舜之時亦有

以伯夷稱者就兩人而論其名同則其行事或無不同而何以與
禮有司虞廷之伯夷並列於禹皋稷契待清自矢商季之伯夷空
懷乎虞夏黃農魯論取以冠逸民之首而千載下憑弔首陽益見
當年伯仲偕隱難為兄者正復難為弟也

清遠絕塵晝中逸品　顧子峻

抑揚頓挫興會淋漓史遷神味歐曾氣息兼而有之　沈少潭

逸民伯　沈

○○○伯夷叔齊與　周日藻

聖人歎想古賢兩人誠足冠逸民矣夫夷齊之冠逸民必有可述者夫子曰其身其志至今如可想也且古來高蹈之士每往來於論古之胸而欲懸一詣以相待久矣而卒無有獨立數百載之上而其人其事欲攀附而無從者於是屈指逸民益神往於兄弟兩人也誰獨無身與志乎而寄託之曠無其人焉遂覺忠孝名節所處皆畢誰不自負其身與志乎而命意之高有其人焉眞覺虞夏耆艾去今未遠斯何人與伯夷叔齊與進不爲興朝之傑而武周之間無其人然武周意中有夷齊而夷齊目中無武周故武周興

而夷齊可餓夫餓果何事而兩賢自成奇跡與遜不為故國之忠

警絕

而微箕之列無其跡然微箕之隱衷自可白於夷齊而夷齊之意

見必不屑為微箕故微箕生而夷齊可死夫死亦尋常而二人自

更雋

足千古與有夷之立志而齊無他志有夷之特身而齊如一身此

故謂惠遜仲逸變文起例

不必借異地以為同儕而後先濟美以齊之矢志而夷之志不孤

以齊之立身而夷之身有偶此不必援他族以相比例而兄弟兩

故與中合中應不罔

難風期邀前古而上無煩節取而行完故孤臣志士惟想像乎遺

故與中清中權不同

休聲稱俾小民到今非有幽隱而待闡故載筆秉書思揖讓乎曩

分明寫入我則異情

哲嗚呼頑廉懦立後人漫忽於其事哉乃遜國孤蹤已不可攀矣

[逸民]伯夷叔齊與（論語） 周日藻

登高丘而望遠北海清流依然如睹當日行君濁世不能浼而長留高節於化日光天獨醒獨清今人豈必效其奇行乃採薇遺烈終不可企矣閱千年而憑弔西山片石尚在人間當時聖主賢臣未敢褒而忽動景仰於知人論世斯其為逸民之冠也與

若但將夷齊之不降辱敷衍一番。他手類能之。惟從與字討生活。斯為難耳。開講便從此處著神。以下虛實相生。反覆詠歎。處處吮出題之汁漿。施脩石

切夷齊不事襞積。茳與字不落描畫。開銳道警。筆力直破餘地。使君茁見之。應欲焚硯。

時文滙 論語 周 伯夷叔

○○○伯夷叔齊與　少連　金聲　附

聖人既嘆商逸○既有總是而別論者焉○甚矣聖人之神往夷齊也○括○

（與字）（謂字）

終不以槩諸逸○若惠連恐不可同年語耳○魯論記逸民七○以夷

○來○脗○是○題○位○

齊始以惠連終○其首是人也○以其盛也○其殿是人也○以其衰也黜

剌○畫○兩○層○字○真○

其歸一也○而亦異焉○其盛也者○其逸則高高○不可近使人乃先

○是○異○想○

逖其節以想其人○而脩然有遐思焉○若弗克見也○又若弗容再見

○其也○者其逸○必深深○不可知○使人急欲因其名以求其品而若

憮然有餘議焉○未可厚非也○不可以不亟論○有如不降不辱斯斷

○標蕩出與○字

其為夷齊之行矣○豈復擬議耶○抑亦久已必此行之為夷齊

慶曆小題文行遠集　義門書塾

豈怨有合也而夫子之言一似以為若斯之難也我思兩人實
憂者也其始我伯夷叔齊與我思夷齊曠世未遠即逸民亦罕其
倫與雖然夫子有感矣以夷齊當不降辱豈以不降辱盡夷齊也
夫子殷人也夷齊始終為殷耳以全身志幸夷齊亦非循以夷齊
全身志也夫子夢周者也夷齊之行始終周成之耳夫子有感矣
成夷齊也已而即謂柳下惠少連焉若曰天下之能為夷齊而不
獲為夷齊者又曷可勝道哉如惠連其特彰明較著者也即逸民
之不為夷齊而終不悖夷齊者又豈無說哉如惠連其更當共類
發明者也惠之在魯也連之在夷也與夷齊之在北海西山也其

黏合處兼照末節異字然不太微

不能無異也今得而論之論之而即總夷齊之後惠之所以仕魯
也連之所以居夷也與夷齊之所以放北海而高西山也其無不
異而無乎異也今得而論之論之而更先仲逸以辨嗚呼一逸也
行既著ゝ其名於言未而曰伯夷叔齊與此大類風人言短意長
高唱永嘆之情行未著ゝ其名於言前而已見其謂柳下惠少連
又儼然春秋以一姓一各比事推隱之象夫唐虞之際於周爲盛
用詩譜序不切
雖其亂國孤臣抗聖天子而得無罪伊洛之衰鄉不尊賢以至絶
此句中無少連
世之黎知大聖賢而不與亦稱農虞夏之徙而逸民與焉又有可
丁 謂字
歎辛者若彼而深言者若此

在無情中生情於無側處起側文人心思何所不可中幅尊從更覺作波不糾纏不降不牟求獨截上亦避犯下　惠元龍

的是此兩句作法虛字實發兼為枯題伐山開道文章不到此其變不盡

逸民伯夷　一節　馬教思（聯捷）

記逸民而並列之，皆不欲以逸看者也。夫伯夷諸人，豈欲以逸民稱哉。而論者則敢之焉，以其不欲逸乃所以為逸耳。嘗論古今之大，無非此數奇人在天地間，亦惟以道濟斯民之為貴耳。乃往往有不得已之苦心焉。蓋道全德備，（暗映孔子）不為時數之所諒，其人不數覯也。外此而矯然一往，群矜高蹈之蹤，君子未嘗不相與惜之。豈為此數人惜哉？（奇思世將）以天下之無以處此數人，致此數人僅托之于可思焉為可惜耳。昔魯論嘗記乎逸民。（重提逸民二比）夫逸則逸矣，曷為仍係之以民？明乎雖逸而不忍忘世耳。故前此沮溺諸人，（有條理）何嘗不以肥遯自命，然止謂其論俗而不可謂之逸民。抑民則民矣，曷為而重之以逸？明乎不逸則斷不至隱

寄園房書小題選

論耳故後此師摯諸人又何嘗不以遠引為高然止謂之去國而不可謂之逸民逸民何如人乎吾于商周之交得三人焉曰伯夷叔齊虞仲于周叔世得二人焉曰柳下惠少連于不如也逸傳姓氏者得二人焉曰夷逸朱張想逸必其自視而隱如夷齊虞仲以公子而遜矣柳下猶以三仕而去官至夷逸朱張少連則皆終身無仕者也無位安得與有位並傳然曾閒煙霞泉石之中猶存當年之冕紱乎憾也諸賢所遭之不幸耳使夷齊虞仲不處桑常之變相與講明君臣父子之經而柳下以直道自明焉少連以禮教自任焉以至夷逸朱張誰非當時之碩彥乎特以戚處喪更之會或隱頹廢之餘不得已而皆藏器以終老於要其所為奮乎百世者何嘗不日久也道人

心為己憂也哉逸又必其無遂可考也夷逸朱張幾至湮滅不聞矣（渾然二比分寸甚覈）
少連不遇以能孝而見稱至夷齊虞仲則皆事蹟可記者也可記或
（鄭重空中淡詩）不能與不傳並列然曾聞山高水長之內不容華胄之投簪乎惜也
諸賢所生之異代耳彼商周君子共處一堂之中相與維持廉恥節
義之事夷齊虞仲視富貴以如遺焉柳下少連奉君親而不渝焉以（數語方許論世）
至夷逸朱張又何嘗無矜修之共篤乎特以所生不一其時所居不
同其地不得已而各圖養晦以全蹤耳要其所為無愧此心者何必
不異世殊方而一轍也哉君子曰是誠能逸者也非同乎尋乎逸以（截斷有句　沉吟寫神情）
為逸更不能逸而為逸者也而無如其人遠矣其風微矣迄今登昔（意淡入古）
陽之巔而慨焉想慕如聞黃農虞夏之歌望勾吳之墟猶有舊時之

柔乘者乎過柳下而心儀高蹤求所謂和光者而不可復覩微少連
者何從褰裳而吊之而況其為夷逸乎況其為朱張乎僅得想像而
追記之曰逸民伯夷叔齊虞仲夷逸朱張柳下惠少連去
夷齊數人使應運而興淺先濂美矣何至于浮沉幽散惟其處世
來流遺逸不幸所以隱淪至此要之稽逸民者原不欲以逸稱者
也從此立解焉出諸賢俱有不得已苦衷識力最為高卓中準矜
二比思議奇舉俱非恆解所及末幅慨嘆一段一氣點出全題淋
高悲壯音節逼古好種文字真脉自闢戶牖絕不寄人籬下光稚
起衆鮮[illegible]

逸民　馬

逸民伯夷　一節　　庚戌　許開基

民以逸名亦各成其為逸而已矣伯夷諸人之逸不相同也卒亦（對照流曲無字）無不同也歷数其名不且各成其為逸哉且我夫子生當周季繼（提出之字特為中□）世葉宗亦春秋之一逸民也然而栖栖皇皇幾遍天下終不敢傲（羅清疎）游自逸於人世之外而天下亦不得以逸民目之夫惟有人焉遺世獨立往而不返而身且孑然而心且曠然而情且恬然而迹且逸然夫如是而逸民之號遂以歸焉逸不因乎時也孤踪遠引聊（綿密穩称）為局外之閒覌亂世有之治世亦有之逸不因乎地也抗懷物表（防衛侍度容與）共傲當世之勞人山林中有之廊廟中亦有之然而箕山頼水世

既遠而事亦湮汩溺荷蓧雖奇而情過激吾聞商周二代作者七人其名可稽也其數可紀也商之末有二人焉棄國家之重符天下之清節夷曰天下溷溷我不可以人共群矣而叔齊亦曰能（郭○秦○入○古）如是乎與子偕隱北海之濱聊結同心之儔侶西山之下自成有（路○作○映○帶）岸之巢由嗟哉二子高風足千古矣乃若背鶉商之志同叩馬之貞齊偕節氏而行勝墨胎之中子於周不失為孝子於商不失為（客○折○秀○等數○關）忠臣則虞仲是也雖莊句吳為總世之君而始而採藥總而文身（韓○聯○蹤○鄞）欲不謂之逸民而不可矣然而遯国遺蹤猶有可紀之蹟則身雖行遁猶不至於泯沒而無聞也乃又有孤高之士嫉世遠去名可

得而傳其不可得而見數世之後既邈不知其何地亦竟不知其何人以此而渭之曰逸民是真逸民也吾得二人焉曰夷逸曰朱張且夫民者無位之稱也若乃食邑於柳下歷位於士師如柳下惠其人者而亦渭之逸民矣以吏為隱者也直道事人原不戀戀軒冕之樂三黜不去又無褊〻縲環之憂非逸民中之至和者乎雖然此數子者皆生長中土者也乃有地處蠻貊獨標居夷之譽人居緯陋能標知礼之稱少連一東夷之子耳而君子於是乎取礼以此當逸民之終亦可渭立意較然不欺其素者矣嗚呼之七人皆耿介之風逃名於物外而無求於世者既不等於紛营之士

孤褰之性卓絕於人寰而不忘斯世者更不同於石隱之流噫有子之論定而逸民之事益傳

層遞联貫自成章法絕似龍門刺客貨殖諸傳亂製　原評

料〻整〻密〻疎〻文筆今古皆宜　句臣表

逸民伯　許

逸民伯夷　一節　　許開基

民以逸名、亦各成其為逸而已、夫伯夷諸人之逸、不相同也、卒亦（對照末節、與字）無不同也、歷數其名、不且各成其為逸哉、（立案）且我夫子生當周季、（提出夫子領為末節）舉世莫宗、亦春秋之一逸民也、然而栖〻皇〻、轍遍天下、終不歆優游自逸于人世之外、而天下亦不得以逸民目之、（羅〻清疎）夫惟有人焉遺世獨立、徃而不返、而身且孑然、而心且曠然、而情且恬然、而迹且邈然、夫如是、而逸民之號、遂以歸焉、逸不因乎時也、孤踪遠引、聊為局外之閒觀、（妙尊〻隱〻指）亂世有之、治世亦有之、逸不因乎地也、抗懷物表、共傲當世之勞人、山林中有之、廊廟中亦有之、然而冀山顛水世（陪襯局度容）

既遠而事亦湮沮溺荷蓧跡雖奇而情過激吾聞商周二代作者七人其名可稽也其數可紀也商之末有二人焉棄國家之重待天下之清伯夷曰天下滔滔我不可以入其群矣而叔齊亦曰能如是乎與予偕隱北海之濱聯結同心之儔侶西山之下自成有伴之巢由嗟哉二子高風足千古矣乃若背覇商之志同叩馬之夷齊偕伯氏而行勝墨胎之中子于周不失為孝子于商不失為忠臣則虞仲是也雖在勾吳為繼世之君而始而採藥繼而文身欲不謂之逸民而不可矣然而遯國遺蹤猶有可紀之蹟則身雖行遁猶不至于泯沒而無聞也乃又有孤高之士嫉世遠去名可

節○奏○入○古

借○作○繆○帶

若○折○天○然○題○闊

蟬○聯○脫○卸

得而傳事不可得而見數世之後既逸不知其何地亦杳不知其何人以此而謂之曰逸民是真逸民也吾得二人焉曰夷逸曰朱（分者合之）張且夫民者無位之稱也若乃食邑于柳下歷位于士師如柳下惠其人者而亦謂之逸民蓋以吏為隱者也直道事人原不戀戀軒冕之樂示黜不去又無棲棲轍環之憂非逸民中之至和者乎（合者分之）雖然此數子者皆生長中土者也乃有地處蠻夷獨擅居夷之樂人居僻陋餘標知禮之稱少連一東夷之子耳而君子于是乎觀（段三附出首二字）禮以此當逸民之終亦可謂立意較然不欺其素者矣嗚呼之七（亦為末節異字張本）人者耿介之風逃名于物外而無求于世者既不等于紛營之士

許勤宗鶴　論語　逸民伯　德星堂

孤寒之性。卓絕于人。褱而不忘斯世者。更不同于石隱之流。噫。有子之論定。而逸民之事益傳。

層遞聯貫。自成章法。絕似龍門刺客貨殖諸傳體製。　余卅尹

燃非世香。見無俗色。敘次歷落。無不入古。　浦二田

雲中白鶴。天半朱霞。翛然自遠。文品之高。迥非世間烟火人可望其氣息。　張天士

風流瀟灑。似經意似不經意。挹其雅韻。當在徽外三二絃也。　鍾

聯行

各發議論。各不犯實。運局之妙。如羅浮以風雨為合離。　杜聿鈞

逸民伯夷　少連　張瑋

紀超世之士而歷次其人焉夫同民也而獨逸必有超焉者是惡致伯夷諸人其論世之思也夫且自有一世之局帝王之與編氓俱勞也則有超之者同吾以君公為濃游吾以朝野為虛游則安所不得民焉而以隱現為浮沉以污隆為發傲則安所不得逸焉於是勞人任士無以當其夷然不屑之素龍見鴻冥無以定其倫然難係之品別有所謂逸民者逸之名似蘭似傲而真能逸者正于興衰去就之際獨有苦心委曲以圖心之安而姑出於此也我知非援溺之為矯也逸之用非寂非喧而高于逸者尤于勛名節義之外別有遠神猶夷以相世之變而必出于此也我知非洗耳之為固也故有一去之為逸者而知王侯吊伐

小題易秋集　下論　萬曆乙未　百七四至七六　劉緒昌選

文史公

小題蓉秋集　下論　萬曆己未　百七四至七六　刪緣居選

曾不如採薇採藥之恬有用晦以為逸者而知招世宿名曾不如埋形
絶跡之快又有混去就以為逸者而知與朝隱世曾不若山林朝市兩
忖之無心之尤逸也盖吾上下商周之際大都得七人焉曰伯夷叔齊
虞仲夷逸朱張柳下恵少連之數君子者其遭皆叔世之使當三五吾
烏知不為夔龍然惟升世而逸乃全也獨華矣又皆異世也使其易地
吾烏知不為符節然惟異世而逸猶慕也柳華矣若夫論之次之則有
夫子尚論在
清遠之韻翛翛物表矣而表

一味清狂畢竟當不得逸民兩字敘逸民於沮溺丈人後煞有深情
此文一筆拈出　又評

逸民伯夷　全

陳紫芝

論逸民而自明其異，是聖道之中焉。夫子之處世，中而已，何可不可之有。故因論逸民而自明之。且天下事無往不執于中道也，況出處之大節哉。故微論後世之隱者，有心忌世，非人情，不可為。即如古隱之人，具有為之材，處必不得為之勢，而苟其命意孫往，稍有係于可否焉，亦不能以合道，則所傳逸民非賢。夫逸民為誰？在商則北海之義止也，在周則荊蠻之逋客也，此其逸夫人所知也。更有姓氏湮闕，而逸民經傳者焉。最後則東魯之士師，以下儕逸[illegible]喪而衰者，以荒商逸。夫子撫今弔古，自宋張外，皆有說以論定之，以為若而人者，皆天下士，惜哉其尚存乎，可和不可之趣也。夷齊之意，以為士固有志，可

（姑定來節發議）

（亦敘亦斷，得龍門史傳之神）

高而不可降也吾有吾身可全而不必辱也其耿介有如此者然此
夷齊之所不可不同于惠連之所可也于是身世之際甘心屈抑而
不辭惠連之所可又不同于仲連之所不可也于是山水之間縱談
世事以自快獨數乎道之大日幾為天下鵠四人者或中倫或中慮

得數子各成其是皆不得擬于聖人此夫子所以言我則異于是

或中清或中權而以言乎進退存亡之正則伯夷以下均未有中焉
無他數子之可不可固人人殊而其所以有可不可之心則一而已
矣夫天下事之可否固亦非庸流所能爭也而第塊塊焉滯之于有
則吾心之觀理者未化而其學亦未純盡表諸夫子曰天子者道之
顯晦隨乎時時止則止時行則行而總應以廓然之念身之進退裁
乎義義合則留義不合則去而非徇乎偏主之心也是故當可則可之

得此流發係□

可之見乎何有也至于小君可淆汲臣可往其跡幾有同于柳下惠者而究不得謂為柳下惠則少連可知當不可則不可之不可之見乎何有也至于顧鴻之輟不可同殺士之邦不可入其跡幾有同于伯夷齊而究不得謂為伯夷則叔齊與仲逸可知此無可無不可夫乎以時中之道存乎立身持志言行居處之間即以上繼帝王可矣逸民云乎哉

歷叙逸民而夫子自明己志正非徒以隱逸鳴高也篇內歸重時中意最合章旨而其序次間出照應嚴密可云筆老法精　仇滄柱

逸民伯夷叔　一章　　　馮夢禎

聖人表逸民之行，因自表其行焉。夫逸民之行，以可不可為異，而吾夫子則以無可不可為異，此大小之辨與。嘗謂古人身沒而名並其行，必有可紀者，非徒逸民為然矣。彼上古之時，聖人在上，而比屋可封，民未有以逸顯者。稱逸民，其爾周之衰乎？若伯夷而下見也。彼朱張者不可考矣，其餘則吾夫子嘗為論列，而竊有闘焉。夫志誠不可降矣，身誠不可辱矣，而伯夷叔齊為之。是故國能讓也，周粟能辭也，是其逸之最高者乎！而亦有不必然者：汙君可事也，何取不降？小官可為也，何取不辱？而考其言行，則中倫中慮，既

（此句即暗為末節地）（詳略變化）（伏不可）（并先點是字朱節一轉即下逸意伏可去）

草々如彼矣。是柳下惠少連之逸也。而又有不必然者，身將隱矣，何有於應言則放矣，何有於倫。而原其心迹，則中清中權，又禦々若斯矣。是虞仲夷逸之逸也。逸民之行固如此，夫我也則異是焉。（令人便以不用逸文爲高豈知）逸民有可，我則無可；（布置在前耶）逸民有不可，我則無不可。一蓋動靜屈伸，理不（時〇勢〇有〇感〇遇）勝於一定，而仕止久速，變不可以先圖。如有用我，朞月可也，三年可也。世莫宗予，綫歟可也，刪述可也。逸民以逸爲逸，故有待；我非逸爲逸，故無心。吾今而後庶幾可附於逸民，而免於沒世無稱（五收轉身發有立）之疾也哉。吁！夫子於沮溺丈人、楚狂接輿、晨門荷蕢之徒，皆欲與（此股餘情正與前上古之晞數語相應）之接言通情矣。一逸其避世之蹤，而至是自託於逸民之後也，其

心荒滋戚矣

夷齊意遠仲逸與我字骨躍出筆下即如層波蕩疊不知者以為閒曠而已○然弱處

前幅于敘致中先伏可不可及是字又以兩不必然句轉換暗為異字起本不必凌駕文勢都已奔趨來節非後七百里連營矣錢以為規撫歐公一行傳敘是循芝千子所譚史法界不識甘巧變者也○首節七人只點出伯夷來張一以逐題之面目一為獨無論斷即借作虛勢挪出下三節餘子留於各段中點出虛實之間有一字浪費煙墨耶

啓禎文行遠集 論語 芥七 流

逸民伯夷　　中權

浙江谷宗師歲考開化一名　劉昌壽

敘逸民而論斷之，將以明論斷者之心也。夫民而以逸稱，天爲之抑爲之也？夫子歷敘而論斷之，蓋所以誌感云。且天生聖賢以濟世，從使自暇逸而已哉？乃若悼皇輿之弗率，懼余躬之淪亡，或見其所情誠有在矣。有心者謂後世不幸而不見古人，猶幸得古人而斷之，將所見不止古人也。景慕之下，不禁神往矣。如春秋夫子齊下法殷周七二君，皆郊迎延見，轍迹遍天下，是其志爲何如士？其身爲何如身也？其言其行其經其權，在人耳目者皆可殫述，庶幾爲勞不爲逸耳。而龜山一操，宰借弟子以終老，於是傳記古人，論往事，狄其所信，闕其所疑，有以逸民書者。夫逸民何書？以夫子而書

之也逸民何以錯綜為書以夫子錯綜為斷故錯綜而書之也夫子何
以錯綜為斷將所論斷者不止逸民故先號逸民論斷之也雖古未
有以逸民稱者彼許由務光之徒其事時〻見於他說缺有間矣[illegible]伸
先生雜言之至〻不近世有曹子臧吳季札〻交人沮溺之流皆能[illegible]然千
乘識者嘉之而吾不謂然夫逸正未易言也逸有逸之志不得其志不
能逸〻有逸之身不得其身不能逸〻有逸之言行不得其言其行不
能逸〻更有逸之清逸之權不得其清其權皆不能逸固有以不淺〻
逸者有以降為逸者志不同而逸同也有以不辱為逸者有以辱為逸
者自以同而逸同也有以必中為逸有不必拘〻於中而自無不中為
逸者言行不同而逸無不同也子曰吾於商得二人焉登彼西山其〻

蓋有采薇歌云其於君臣父子間何凜凜也則伯夷叔齊是數百年來
稱逸夷衰微矣盜跖日殺不辜竟以壽終而操行方正者多貧賤老彼
柳下惠少連是遇何德而嘗披國史載句吳軼事思太伯之風令人低
問采微去廼兄及弟若一轍傳其所傳不傳其所不傳虞仲夷逸非當
世既君子乎分其行事則諸子各行其是維在異世而不必相同合其
傳記則諸子共行其是維在殊途而多能過別我何人也敢有附於逸
民耶嗟乎勞八州子傷之久矣彼其為逸者天實為之謂之何哉
學史記者王弇州得其貌歐廬陵得其神貌易學神不易學逸[illegible]文
於題借夫子身上一語一提於未還夫子口氣作一斷案中間以論
忽起敘述敘述既帶議論高古蒼涼逼真史記亭生
一.

逸民伯夷叔　二節　盧有孚

民而逸者非一，聖人先論其尤著焉。夫逸民固不獨夷齊，而夷齊其
最著者耳。不降不辱，夫子所由稱歟。嘗謂自生民以來，未有孔子也，（自具隻眼）
夫民之數亦多矣。乃商周之際，有抗志隱淪，而天子不得臣，諸侯不
得友，斯非所稱求仁得仁者歟。自茲以降，長往之軌未殊，感致之數
非一，聞風而起者往往多有，而此兩人制行之高，渺乎不可尚已。悲（二比識踞峯巔筆超象外）
夫君子勞心，小人勞力，先王之制也，不聞其以逸貴也。自人尚乎逸
而獨行其志，皆已非一人。上臣致身，下臣立名，君子之守也，不聞其
以民著也。乃人競為民而自潔其身者，又非一事，或為君，或為臣，太

發蒙科小題文一集　論語　匠門書屋

丈夫當若是矣。有逸民焉。意曲而取富貴所不屑也。夫寧懷其志以明高也。或隱于夷。或居于海。賢者固亦是乎。如逸民者。隱恐以就功名所不能也。夫寧卷其身以明節也。逸令懸其名以思其人。而伯夷叔齊其較著者也。外此則有若虞仲夷逸朱張柳下惠少連。孤情一往。確乎其不可。四數子之志同乎逸也。而數子之居其志者。盡高不可淩。亦夷齊兮而已。遠蹈獨遊。湫然其不復及。數子之身無異乎民也。而數子之立其身者。皆泥而不滓。乎夷齊焉而已。吾夫子嘗稱之矣。周之興也。秉時者無不欲自逐其志。而夷齊則以為虞夏既沒。命不安往。即欲為民而不可得者。饘于斯粥于斯。不越乎西山之薇也。

五字飛動

則何其志之高也。周之王也。負才者無不思自顯其身。而夷齊則以為以暴易暴。不知其非。即欲長為逸民而不能安者。朝于是夕于是。不離乎首陽之巔也。則何其身之潔也。不降不辱。此夷齊所以為逸民。而逸民之不可同于夷齊者也。嗟乎夷齊雖賢。得孔子而名益彰。況乎夷齊而下者哉。雖然制行過刻。而多失其中行焉。此數子之成為逸民也。吾故曰自生民以來未有孔子也。

法老而筆健。有瑞屏碣石之遺風。 惠研谿

神明于規矩之中。變化于豪芒之上。看史記文字或兩人合傳或數人合傳。忽斷忽連。有主有客。最可悟作長題之巧。若徒鍥舟以

癸酉科小題文一集　論語

求于水安所得劍乎

逸民伯　王

逸民伯夷　一章　戴田有

前之逸者各著其節、後之逸者自明其異焉、夫世有逸民、其世之
衰乎、至孔子而亦逸也、亦又甚矣、然諸子各成其逸、而孔子固獨
從夫子說入有主腦
成其逸耳、昔者夫子有懷大道之行、其意豈欲以布衣終已耶、即
簡煉淡遠
古人之奇節偉行、未嘗不嘆慕之、同其風則已高矣、而其遇則已
窮矣、異日者吾庶幾非其匹儔也歟、乃因不得志者久之、而卒不
能不自附于其列云、嗟乎、商周以來、世變多故、君子處其間、亦安
有定耶、得志則起布衣為王者師可也、不得志則逃于山焉可也、
避于海焉可也、諭于夷焉可也、浮沉于卑官散僚可也、即其事藏

沒荒涼其時其地無所考據而只軼循時上見于地說或筐以姓氏流傳人間亦可也若是者盖民也而已逐之矣伯夷叔齊者棄其有土之業而逸虞仲者採藥不反又已先採薇者而逸至于其為民也逸其命名也亦曰逸者是為夷逸朱張者不知其所以逸柳下惠或仕或黜而逸少連者次其名于柳下氏之後知其如彼下氏之逸其亍論述六藝序列古之仁聖賢人于逸民有深感焉白其志高其守潔而不降辱者果何人歟其伯夷叔齊歟柳下惠少連此兩人者將無亦近之否耶而于謂不然獨是其言善其行芳中倫中慮者如斯吾有取焉第不知視虞仲夷逸何如也謂虞

伯夷逸其身之隱也其清也其言之放也其權也他若姓氏徒存而孤蹤久淡無從而論著者豈少也夫總諸子而起者乃有我也（夢裳字倩祈）諸子之逸不同而同也何者有可有不可則一也我之逸同而不同也何者無可無不可則異也我也不斂其獵在逸民之後乎行無藏跡不必仕止久速之可執為常期而情有獨深不必山農野老之相引為曹偶異哉夫子之逸固逸民之所不以為逸者也逸民之所不以為逸而夫子固已逸民而夫子固已異乎逸民矣吁乎民耶逸耶民而逸也非逸民之所得已也孰逸之而孰民之君子以是嘆世之衰而聖賢之不用為可惜也

不用伯夷傳一語。却無一語不是伯夷傳。兼亦有南華風致。左未生

蕭然自遠。其古在風神氣味之間。此等文知之者絕少。何雪澗霜松。凄神寒骨。亦文中之逸者。朱輿安

駘宕搖曳。韻味在語言之外。歐陽子之文也。陸天驥

叔次諸人。如春水渡旁渡。夕陽山外山。閒情遠韻。文家逸品。

慕廬先生

逸民甸

逸民伯夷　四節　　鍾兆相

列逸民之名、得聖論而品定矣、夫夷齊諸逸民、皆有所激而成、
非得夫子論斷、惡能聳施後世哉、且夫人既與世相違矣、然以
旌揚之外、則聲稱之籍籍、亦聽之而已、顧孤踪遁跡、既莫由見誠
於庸愚、而人往風微、又無有特彰其行誼、徒令奕禩聞其名、而
定其品、不更深有心人慨慕乎、昔商周季有逸民焉、蓋世當播奪
（右尚旃香）
鬱鬱不得志、因憤然甘處於幽閒、而目擊時艱、悵悵然何如
然、獨之其高尚古之、[illegible]過於時之所為、大抵如斯也、而紀其
有七焉、則伯夷　凡逸朱張柳下惠少連者是、嗟乎、此

人者數其行事
名要皆表表人寰無虞
或和光自賞或委蛇慢世或湮沒兆
然此七人者采其芳聲誰與
於西山北海誰訪故居於柳下東夷誰考高風於周室虞書
軼事於稗官紀載未免落落漸沒矣知己之傳乃一日夫子有慨
高節因而闡幽微顯而不忘網緒流連不禁以事屬詞於此焉
不持於其志與身以概之者黃農吾侶抗懷三古而遺天地為徒
千秋之上不降不辱伯夷叔齊之風徽卓絕（音在彼小）矣而連
及之若柳下惠少連雖不若夷齊不降不辱而其言與行有足
亦無怨於以蕭愬適情脩詞之體雖讓光以諧世仍存天性之良

倫、貴固不可及也又比而附之若虞仲夷逸雖不如惠連中
倫中慮而其隱與放亦有足傳者林泉成性不蒙世俗之縛笑（改）
肖得九裁之意中清中權固不容沒也是此[illegible]也事不
月夥[illegible]不必同歸未裁過峻者難攀而坊表足嘉自樹物恒之望
擬議而成者難至而優游養拙亦為濁世之型即其中尚有（是）
無傳徒深慨想要無非各成所見寄瑰意於高山幽澗之中一而我
夫子著再揚不必相同評論要歸不溢長言咏嘆以[illegible][illegible]
得[illegible]人律好之潔獨之[illegible][illegible]矜以深其太息亦得史氏微文之旨
其中尚有褒詞
（天無功）可見要無非據實而評究芳踪於世

榕江會課　百十六　下論　初刻

行○湮○之○下乃訟

久所共後豈欲與逸民齊軌耶○然而夫

子超然遠矣○

淵深茂密神致後極纏綿○是合歐曾為一手○陳伯丹

蹤蹤落落○若無意為文而一種縣密之致盎然筆墨間知為老

到之候○黄樂序

逸民伯夷　鉦

詠而歸

復有所遠於歸者。狂士之志誠異矣。夫歸則歸耳。曷爲乎詠而歸也。點之志於此終。點之異不於此見哉。意謂今者與時偕行。隨境自適。誠足以暢叙幽懷矣。然使適志于始者。未必適志于終。其何以浴泮侶之遊。而于情無不愉快哉。惟是行歌互答。我無間于人也。與其言志也不留于物也。雖云非事之所已然。何必非志之所欲然乎。點偕童冠之。既浴乎沂。風乎舞雩矣。斯時也。濯清倫以致潔。瞻壇墠以流連。冠者滑童子而怡意焉。童子滑冠者而鳴豫焉。爲點淨冠者童子而樂不違洽焉。駘不忘觸境移情。足以極遊覽之娛也哉。而點之志來

已也當節之從樂隨取之天地而有餘暇志之和平任發諸性情而
自適不有所謂樂也耶或別者詠而童子亦詠與長幼可無辨也或
童子詠而冠者久詠與後先可無詠也或冠者童子詠而點亦詠與
以我兩相忘也或點詠而冠者童子亦詠與彼此式相好也不以遇
賡颺喜起之朝而依詠和聲情已係于絲竹無事總知音遂歌之盛
而吟諷興遂意已並爭管絃默至此樂矣意者爲自古長養風徐至
以遨以遊相與偕與而忘歸乎而不知所趨既備情隨景適冠沂傾
者者而謂曰日之夕矣胡不歸童子頌童子而謂曰以和人亦與予
同歸矣冠者頌童子而謂曰予胥樂兮盡歸乎來者予頌冠者功謳

曰無已太康携手同歸矣點也周旋其間無間其樂前而新浴冠者

畢如與歸焉而已勿計其或左而或右童子歸之與歸焉而已彼職

司兵農禮樂之盛者詎不退食于在公以況點之行吟道左其逸

映上文

相遠何如也彼置身國家宗廟之中朝夕驅馳于玉路以視點之逢

袂周行其動靜相去何如也設道旁觀者擬點而問曰今日之遊樂

情景如生

乎將曰朝而往暮而歸前者倡後者和點不知所為以冠者童子之

寫到淡忘境界恰是狂者之志

樂為樂也別治童子亦不知從點遊而樂以彼之自樂其樂為樂也

是不必身履其地仍為其事而志之所至則有如此者

收到志上

以點為一串入童子冠者迴映兵農禮樂直如天花亂墜從詠折

詠而歸

歸而有詠、不異而異者也、夫歸亦何與、而點則志在於詠也、豈非不異而異者哉、點若謂點今侍于夫子。圜已一彈而再鼓。點或與人同遊。竊願一唱而三嘆。敢以行歌互答。吾所不事而必沿沿曰。余安適歸耶、當此莫春時點也。衣我春服。偕我童冠。徜徉乎沂水之濱。逍遥乎舞雩之下。優哉游哉。亦幾樂而忘歸矣乎、雖然往而必返者。天地之化也。去而復來者。人事之常也。未幾而夕陽在山。人影散亂。冠者告點曰。何以歸矣。童子告點曰。胡不歸。點因之而答童冠曰。歸哉歸哉。蓋以乘興而往者。隨興而返。盡歸乎來。人情

（故作逆折）

（歸字妙諦。會出不竭）

翛然無乂徑若獨是歸則歸矣攜手同行而絶無好音則有懷而 點詠字
莫此亦幾虛我生也薄言旋歸而寂無歌謠則鬱鬱而不樂何以
暢同情乎鄉時童冠復顧點而嘻曰不有佳詠何伸雅懷其詠也 點詠字
將以詠六月歟詠良耜歟點固無其任也將以詠禮陶歟詠樂淑
歟點亦非其選也為之因時而抒情為之隨境而寫心爰作歌曰 所詠想當然耳
春風之和兮可以解吾人之慍兮單袷之輕兮可以適吾人之體
兮水流湯湯兮清且漣漪登高遠眺兮風飄飄而吹衣歸去來兮
不知今夕是何夕點與童冠且行且欣欣甫畢而足及門矣噫嘻
可歸則歸焉而已歸可詠則詠焉而已詮斯時而有知點者乎

將詠閒閒之詩以應之

描寫如畫　曾振先

一往古雋全以神行其古在骨而不在皮相間也敘次夾議論行之復有游行自在之樂　黎朝初

詠而歸

丁朱鈜

觀仕士于歸時，亦志之所舒也。夫歸焉而不徒歸也，宜之以詠而志乃益曠耶。點以為暮春之遊樂矣，沂水之觀止矣，風雩之勝盡矣，點與童冠且相得而怡然矣。雖然盡猶日之遊，何必樂而忘返，領隨時之趣，亦偶倦而知還，欲留焉而興已窮也，吾歸矣。（點題神到）夫欲歸焉而清未已也，吾歌可夫，（頂歸字）自然之文章，徵之大塊者，即還之宇內；（頂歌字）無窮之景色，收之襟抱，且散之謳唫。方其遊也，情一往而言可盡；及其還也，意有餘而辭欲共矣。口而成音，不希曲高之和；寡行歌而互答，且樂同人。當斯也，纖歌吟而沂水之清已悠然遠乎；長肅發而舞

猶今也乎冠者歸乎而鶴〻成群盍增偶和之歡童子歸 生動 七十
乎而娟〻可聽似寫滄浪之水地無可戀何妨童冠以偕歸何時不
可拘何必奏之入詠或時止而時行亦非絲而非竹正如舍作之 活潑
雍容猶疑鼓瑟之餘鏗然誠樂矣庶不負此莫春矣
寂寥短章轉有餘味興遊象外真有大造無心隨地自得之意股
法亦錯綜變化 原批
童冠蘇樂閒詠以歸傳以綺思雅韻出之詭遠其人若存殘無淵
明殊世之恨矣

敦厚以崇禮

浙江李學院月課
錢塘縣學一名
安濤

敦與崇交修性愈純而學愈精矣夫厚者禮之質禮者厚之用敦焉崇焉而修凝之功不兼盡哉且本天德之渾涵以極人文之美備者聖人也下此則必植其基於不可拔而保合之以底于深醇謹其身于有所循而樽節之以納于軌物是可觀君子修凝之全功焉今夫本天之真德性中原有自具之能立人之則問學中固（整鍊）有不易之範也特是惟民生厚因物有遷不深以醞釀則天良浮（互翻以取相資相貫之理）薄雖欲踵事增華已無以植百行之根柢天秩有禮自我有庸非加以整飭則儀節疎忽雖能完淳返樸終無以舒衆理之菁華則

敦厚崇禮其要已非因心無以作則而心之所藴者至性至情何
（便帶下截）
可薄也君子所為純固有常而求本原之立不節性無以防淫而
節之所制者有典有則何可褻也君子所為率履不越而期經曲
之照賦于天而胑然無偽觸于物而油然有情者皆學也上念凝
（細膩夢貼原評款）
承下思能命敢勿敦哉是故滋之于寂靜而未雕未琢完固以葆
（厚兼二字意縫貼）
其真達之于既感而致愛致慇懃充以盡其質所謂安土以敦之
者此也統于禮儀而秩然有倫詳于威儀而肅然有紀者皆禮也
或經而等或曲而殺可勿崇哉是故察其則而不敢太過以減為
（崇字亦細貼）
主者敬慎而勿踰陳其數而不敢不及以進為文者脩恭以相赴

所謂積小以崇之者此也孝弟之寔生乎節文則禮信者達順愈

尊道吾發以聲以字語勢

原評精采

篤寔愈見光輝而誠慤不流于喬野恭敬之儀發乎情性則制外

交映不窮

者養中愈周詳愈徵樸茂而度數自達于浮奓為忠信者學禮之

本故敦以啟其崇而德性堅定品節自可詳明威儀者定命之符

故禮以文其厚而細行必矜大德終無所累仁心為質謙退讓為

文恒以一德亦履以和行君子修凝之功于是乎全矣

出落四字得的語發明四字得暢義四互四字得清思熨貼深

細道鍊有光

敦厚以崇禮

浙江吳宗師歲試 林國棟
恣錄一等二名

敦與崇交至、君子修凝之功全已、蓋人之德性本厚、而禮固問學之當然也、自非敦以崇之、修凝之功曷以全哉、中庸謂天大道之（變起）秉彝降衷者至不薄也、先王之範圍行誼者又甚周且詳也、而情（[illegible]發[illegible]行雲）文蕪慈之聖人、常百千年不幾見者、則豈天之畀躍人特厚而致禮治躬之學、遂不克並而相盡乎哉、我用是愈思君子尊道之全功矣、下士何知、各緻而一當天性之故、輒泊然憬惻之自足、則德之所稟者厚耳、而有真愛而無小忍、無何還顧吾厚、而不覺漸即（何等絕摯）于餓者有汩之者也、汩之者其厚漓也、一旦夫未習與章而仁植實

發也。姿於卑然。于目之齊。飭。則禮之當學者大耳。而準繩以入而
隆殺必辨無何出。對夫祇而不覺自軼于檢者有縱之者也。縱之
者其祇乘也。若子敢恃曰褻乘有貞固之理也哉。保合不深。即中
藏多刻敷之處。則敬之而尊之者至切矣。彼其慤誠自矢之下不
蘇以才智見天人。而益充此粹精之良。與時勢之經權相勵。居家
則敬愛儀如赤子。立朝則忠悃不啻顓愚。而凡夫天地之大萬物
之戴儀不置置焉。流貫于意量間者。以此思厚。則厚之至。以此思
[illegible]則敦之至也。若子敢恃曰動容有爾雅之休也哉。節文不講。即
俯仰貽失德之患。則崇之而道之者雖寬矣。彼其纖微必謹之餘

不敢以委折昭明備而愈本此中正之範與日用之發肆相求辯動之宰制日益審萬端之經綸日益隆而凡夫三百之經三千之曲莫不秩秩焉各正而無所忝者以此思禮其禮孰加以此思崇其崇更孰加也一顧厚者禮之所自肇而不敦則無以立夫崇之基焉君子當俗尚紛華寧安渾朴人趨通變務為拙誠要其心必與太極無妄者俱而後禮意之精詳者始不至緣飾而流于僞不然道之洋洋者自在兩間而厚之不敦將肫然者曷以感通無外而儀則之遞致其臧嘉也哉禮者厚之所自將而不崇則無以美其敦之施焉君子念金玉章相非關文貌采藻肆褒寧云飾々敦其

至發二比以字之義始出

而言交互選有主理

制度品節者濟而後吾厚之纘繼者始不至徑情八于

領理恕透

其質之優優者自在終古而礼之弗崇將爍然者易以率循

性始之彌形其篤摯也哉故必敦以崇之而君子之德無

乎之道乃無不賅也乎

維揣摩成熟時也　原評

字確見原委敦字崇字各還寔際以字更見相須妙義

發揮精透知為幽燕宿將　張魯璵

敦厚以

林

敦厚以崇禮

湖北等學院科試
[redacted]縣學二名 胡 楷

敦與崇交盡、修凝有全功矣、夫厚為禮之本、禮為厚之文、敦且崇焉、而修凝不已全哉、嘗謂愛敬本也、經曲文也、無本不立、而不得謂綢繆無間于愛敬也、無文不行、而不得謂樸真無與于經曲也、修凝之道備焉、至性至情者、風俗之原、謂非厚歟、乃德性中原有醇篤之致、而參以浮偽者、棄其固有、而弗敦也、有典有則者、天秩之理、謂非禮歟、乃問學中自有節文之宜、而疎于繩檢者、失其持循而弗崇也、君子將因性以制儀、而性所自具之美、必植其基、是故常自虛其中、而物無以滯吾質、則敦之以靜也、常自直其內、而動

羅紋為涌

篇立根

迎頭洗出

步步不苟折入題動

此二義從性湯周日主靜朱日主敬含得義

心有以篠吾真則敎之以敬也蓋培而固之益全其赤子之天焉
而厚靡歎矣将欲緣情以定則而情所篤摯之良必竟其量是故
此方貼情説
因其所不忍極之至于無或忍則敎之以仁也因其所不欺極之
至于無或欺則敎之以誠也蓋引而伸之益蒲其作見之發焉而
一以字
厚彌加矣一敎厚如此吾知掃地可以致敬酌水可以薦誠故忠信
應有此交映拎襟
之人不先學禮而篤摯有餘然而孺慕非洗腆不將忠貞非拜颺
弗表故明恕而行要之以禮而情文斯備然則安可不崇禮乎哉
緊承上半截動
禮非有外于厚也名教昭垂本有範圍不過之準君子以我之忱
此以字從敎厚順流出崇禮來
徊循我之矩矱而和鑾珮玉将以中之溫文三揖百拜逹一心之

恭敬即至緯地經天可法可守亦其固結難解之意畢見于家國
上下之間而豈惟是周旋裼襲之沾沾也哉而禮非可緩于厚也
（間合変換）
軌範束躬原有制外養中之理君子以我之節文輔我之氣志采
（毋以字從敦厚歸）
（重到崇禮去）
色聲音皆以養其耳目威儀動作皆以習其德隅即至增華踵事
貴少貴多亦惟度數文物之為有補于日用飲食之質而豈惟是
委曲繁重之瑣瑣也哉然則有所敦以崇而任性之士不得自品
（交救周容）
節為具文加所崇于敦而謹曲之徒不得薄天懷為徒善此君子
所為有本而有文者也
寫敦厚先呌下截以導以字之永寫崇禮緊接上截以求以

明清科考墨卷集

敦厚以崇禮（中庸） 胡楷

之流。非但源起轉落收束。善作羅紋體勢也。題望知墅垣花之

花舞前歌而入之。遂極玲瓏飛動乃爾

敦厚以　胡

敦厚以崇禮

甲辰　楊如松

敦與崇並盡則尊道之功全矣夫德性之厚者非敦無以尊之而禮之宜崇尤道問學所當急也中庸究言之其功不已全哉且合生有不落薄之天良與不敢略之人事全乎天而盡乎人斯爲情（起○句○脈○切）深文明之君子君子於此豈曰能加第無損之而已矣豈曰能文第無減之而已矣今自有天地萬物以來吾受之爲性者純乎（承○啓○密）有覆載之仁賦與之量焉則厚非乎特是世故日乘世變日起將（收○歸○字）厚者漸失其本然且無論澆漓之習爲不尊也即此君臣父子之相接兄弟朋友之相處而無以致其篤摯之意職者可知人人疑

編　中庸　白雪軒

其德性之非厚而不知尊之功（尚欠數字）然未嘗一一卿視下二手三之矣
道之無不該者秩秩乎有度數之詳儀度之備焉則禮非拂乎情是（出紀字）
經情以經任喜以經緯大禮僅則為具文且無論倫纖之為遠乎
禮也即此衣冠言動之無常飲食居處之無節而（尚欠數字）未能達乎經曲
之宜節者可知矣人許其問學之無禮而不知遵之功尚未深也（系接欠字）（欠款字須）
君子曰是不可不有以教之教之非使厚者益厚務立其誠焉去
其偽焉則厚之基以固矣且進其發焉擴其慕焉則厚之質以純
（預士應宗此大姓原務）
矣固所已能而使之無失其厚大是以能凝于吾心而道之洋
洋者全于君子也歟此為尊並慮德性之或流于薄也哉君子曰

空援崇字　所謂一日黃遂似一日……

是又不可以不崇之。崇之，將使禮日益謹，務繹其回焉，增其美焉，

崇字用[?]

則禮之節無過矣。且嘗其慝焉，濂其變焉，則禮之文無不及矣。尽

領上意

所當然而俾之倍展于禮，夫是以品節備于當躬，而道之優優者

此前比三之二三之首　二

全于君子也。崇以為道甚遲，學問之或即於荒也哉。一旦共敦與崇

比開合交互深融以字之義

無偏致也。徒知敦厚而不知崇禮，則厚者失之徑遂；徒知崇禮而

不知敦厚，則禮文亦為緣飾其弊也。各有所歸而不得謂修凝之

惟敦厚緣可以崇禮而敦厚又不可

已矣。抑敦與崇有相資也。厚之宜敦，所以植禮之本，而禮初非躋

不崇禮無此而意設身究竟

事而增華；道之宜崇，所以培厚之德，而厚亦非樸略以自尚其用

分遵有所尽而即此已為尊道之全功。夫然而君子之德

未[?]

賢德[?]

[?]文編　中庸　敦厚以　楊

興文編　中庸　敦厚以崇

其、致、又、何、如。

洞見厚字礼字本原。細發敦字崇字奧義。而出以透亮之筆。理

題看此。一座琉璃屏也。想其靈府中真是無秋毫渣滓 [illegible]

童子見　　陸宸鎔

記童子之見、深為童子異也、夫童子而出自互鄉、此童子之不幸、童子而得見聖人、則又大幸、魯論異之、故特記之、且昔夫子秉教以育群才、一時廁門墻而叅講席者、非七十之賢、則三千之士、匪是得其門者或寡矣、況髫齔之年、來自冥頑之俗、而欲與大聖人追隨函丈、講晉接之歡、此不易得之數也、維時互鄉有童子、互鄉寔不足以囿童子、于是神馳鄒嶧之邦、身履尼山之域、見夫四科旁列侍坐、諸賢或揚道德之華、或炫才猷之盛、而此童子曾不以年方幼穉有愧悔之情、見夫五教遍宣、服膺衆士、或領略其生道

析筆挑

互起老

或體佩其文章而此童子更不以地寔卑微生惶沮之色前致辭

（○接）

曰余小子生長遐荒見聞淺陋未遇高山徒勤仰止之思未覩大

海空切望洋之嘆所幸泰山不讓土壤故能成其高河海不擇細

流故能成其大洪鈞之內何物不屬栽培大道之中何人獨甘委

（○詞○偶○而○氣○古○）（○又○直○接）

棄頑夫子辱而教之夫子曰爾來前夫人所最不幸者生于斯長

于斯終為鄉人而已矣爾童子不安于互鄉而有出塵之想謁吾

徒而來請欲覩吾道之光此吾所急欲施之教誨者也當是時為

（○逐○層○引○入）

童子者遊其里左有杏壇右有泗水傍焉弱質忽登禮法之堂入

（○高○妙○雅○穆○使○人○肅○容○而○聽○）（○迎○縮○有○法）

其門擊于目者宗廟百官觸于耳者金聲玉振下里寒微叨入詩

書之圖祇見雝皋比而倡教者夫子也揖讓周旋引摛于其旁者游夏諸賢也攝袂而前拜跪趨蹌于其下者童子也豈無詔告兩端可竭或與鄙夫爲伍爰示規條有命可將堪與黨童偕役童子曰余幸矣七十之賢當追其軼駕三千之士應步其後塵回視互鄉已不啻凌青雲而直上矣

琢玉無痕

回頭百媚生

記敘小品定宜無中生有逐層排設然無神味貫注不寥寂必支離矣此獨含吐低徊古情繚繞自爾悠然無盡 邵庸濟

童子見門人惑

董來思

以下句作主

以見聖為惑、則惑之甚者也。夫聖人可見、亦何靳一見也哉。門人

何云逆入尖巧

之惑、真惑矣。且以鄉人而遊聖人之門、則謂之門人。門人也、即鄉

汪云即說門人使不保其往

人也。其所從來正未可知也、何居乎於互鄉童子之見、而門人頓

以門人

作主、呼起

先安頓見字

惑也。彼亦思童子曷為而見也。正惟是生於互鄉、而憤然羞與之

伍、故見也。互鄉之人避之也、正惟是望見夫子之門、盡可為門人。

熙潔己以進急得翻深一層法

而躍然思與之齊、故見也。吾門之人致之也、而門人何以惑也。夫

厝乎

又用頓筆寬局

天下惟有難與言之人、而後見可與言者之妙。亦惟有不可見之

人、而後見超然見者之美。若必曰是人也、其生而可見者也、彼門

明文小題秘鈔

蓮香齋

人果生而可見者乎不在吾門安知其為何鄉之人而竊竊然疑

翻駁處妙即

一童子也乎使必曰是鄉也其非豪傑為徒者也彼門人之鄉果

從門人轉出　反跌不與其退

豪傑為徒者乎一朝失足安知其為何人之侶而規規焉議一童

妙、妙、

子也乎一果知門人之慮則宮牆之內當無門人之迹矣何也必擇

隱隱打著甚字

人亦見則來者盡可疑也而誰是吾黨中人也抑且洙泗之間獨

有一孤立之夫子耳何也以見為我先則所見者幾何也而誰是

多矣新　二比未免太近訴諧

及門之選也然則天生夫子若獨假之以地靈焉吾恐不有地靈

則聖人當以庸人終矣而安得為吾道之主盟然則天生門人若

僉界之以仁里焉吾恐不有仁里則門人竟不免於俗矣而何幸

為吾道之羽翼哉門人之識其跡遠遜於童子者也童子而一知門人當無此一見矣異哉童子之識其真遠過於門人者也門人而墮於互鄉又當無此一見矣雖然孰使互鄉之名留以至今者則以有門人之惑在也此亦互鄉之幸也夫

轉筆敢批

索性盡興

結仍發活

筆筆鬆靈無一滯句　衡閒林

轉以門人翻出童子筆端巧變笑兩截實發為真癡　何屺瞻

將下句為主處處是二句作法○惑字若在童子上取下意便不免太露文從門人反映不保其往不與其退意絕不犯手　汪

右衍

明文小題秘鈔　論語

課本

[illegible]香齋

明文小題秘鑰　論語

通篇只是個童子之見。無可惑耳。華端靈變。遂爾翻得怪怪奇奇。發心胸。而豁眉宇。故知學者入手。切不可趨平鈍一路。亦有過求失新。轉不近情處。

晚香齋課本

善必先知　一句　陶元淳

善之前知、以其誠者必之也、夫待善之至而知之、猶後也、至誠必先知、故不難于知而難于至誠也、且世之人至有邀福之意、禍亦往往（求福字○翻知字起）隨之、然而非分也、非分則不可知、不可知者非禍也、夫天道福善善（太○句起法）（由○禍○出○善○）則未有不福者、故亦可不名為福而名為善、此則異于非分者矣、雖（○來○歷○清○醒○）庸人亦知之、何況至誠、然而庸人之知、嘗幾焉耳、未必決之其先也、（○擡○法○疎○勁）（挑先字○）或術士亦先知之、何必至誠、然而術士之先知、偶中焉耳、未見其可（挑必字○）必無窮者、先知亦極難耳、（○藝○步○突○鑿○出○為○必○字○翻○了）或當受封之始、其受命在數十百年之後、而此時則顯焉、雖後天此休、祺山川告瑞、他人且引為已然矣、此則數（○再○進○一○層○方○尚○折○用○史○事○貫○串○自○成○議○論○）

大題易衍商瑞萃集　中庸　康熙戊辰

本朝房行書歸雅集　中庸　康熙戊辰

之不可知者也又或式微之日其得志在百千憂患之餘而此時則

倖焉乃至灾變頻仍妖禍間作即已亦謂不能終日矣此更勢之不

呈批側一三

及知者惟有至誠則有以先知之也累日之陳符受命發封告成至

反襯

誠不必預其謀也而獨早見之于初其愚者或以爲妄其智者猶以

正襯然四

爲疑而此更確然也氣機之際若或告之矣夫人一日之內小有所

借生出

村旁

善而喜怒哀樂已有以兆其端況其大焉者乎他時之憂盛危明謹

微知著至誠或更深其憂也而獨不必諱之于緜其淺者疇咨于事

後其深者預揣于幾先而此更淡然也性命之微莫可傳之矣夫人

從反襯生出

一念之中心知其善而從否慮遠嘗之于襲其占此獨有深焉者乎

由此觀之，人盡可以前知也，獨難其志氣之清，故有積數十年之學力而識愈廣，見愈紛，乃知此事初不係乎人也。即同修德，必獲報，要亦君子之所以導迎善氣，而非可遂以此知之也。夫天固有其可必者耳，且世亦安有所謂前知也，止不過自瑩其虛明之體，故有極萬變之物情，而理愈明，心愈徹，乃知此事初不係乎數也。即同為善，未必蒙福，要亦君子之所以絕人妄念，而非可遂以此謂不能知也。夫道自有其可知者耳，其惟至誠哉。

二股貫串精

一篇東漢八大字，選辭作色，絕不尋常。總予所此題文頗奇偉，但于誠字不加體會，便有九天採訪使之譏，惟作者句句切理。張

長水

如此一篇奇態文字。其實流正面不過一兩句。餘俱從前後左右襯說耳。此實處皆虛之法。吳荊山

只從前後左右襯說。先知之難。于誠字體會語亦甚小。然用筆奇變。噓氣成雲。俄分五色。

善必先　陶

善政不如　愛之　張

政教之辨有先於畏愛者焉夫善政不如善教固也即以畏愛言之其效有相遠者矣且審主術者貴乎知民情故王道決於上人事於下亦理之所必至者也然不明示其出治之原天下莫知所從先列其可見之效（先下出筆妙）人君不識所向則請由仁言仁聲之所來舉教而辨之而政不如教固也則請舉善政與善教而辨之務乎善政者不必其行督責之令而與富出示大指在乎育為則衰世之文貴盡反之以求速得其志務乎善教者不必其為優游之布而正（分說平說不用比擬）物大指在於忠厚則後代之誓命盡革之以漸觀厥成兩者無譏焉要以吾斷之善政不如善教之得民信也然而世

大題傳文　下孟　辛未

大題傳文 下孟 辛未

故作逆勢氣出股醇古

也善教之行其時不留而紆徐為教者每遲之數十年而

善政之發其流即遠而寬和為教者必欲自京師始而不言

吾舉而謂之不如吾知其必不信也夫亦言得民者即于民觀

不于所以得民者觀之先于民自為得者觀之今試有民焉或見君

朱將畏愛二

較量一番

而思畏或見君而思愛此畏者勝乎愛者勝乎天下之人必以為愛

者勝也或見君之所為而以為可畏或見君之所為而以為可

可畏者勝乎可愛者勝乎天下之人必以為可愛者勝也而究之

翻法自異

畏之者何善政是已民愛之者何善教是已一國之內其君攬法

其臣覈名實方以為大競之及不終日而究四海而極其詳誠不畏

民畏之若是一國之內其君猶遜未逮其臣救過不及者[illegible]

之率難免百姓于罪戾而即其躬行夫且民愛之矣是然則亦觀大勢之所伸嚮共情之所詘柔而不搆富貴有所不事者禮樂有所必先善政之不如善教不于此先見其端乎是故有關雎麟趾意者然後可行周官王者所當敬守也治刑名法術之言者不可以稱儒者學者所當共聞也

結構之間極其寬舒而其中步伍前茅後勁無不森然讀者知養氣之恬而不知其用法之密　楊維斗

有成竹于胸中然後洋溢而出故縱橫變化一歸于法　蔣眂

前後正講處只用四小比文字其餘俱從題縛中故作安排愈寬神脉愈際中用逆勢折下機杼與先生會墨肖

大題傳文　下孟辛未

名家未有不從揣摩得者○錢仁山

○○○善政不如　二節　　董其昌

治以民心為本于政教辨焉、夫教行而民愛者其心孚也、善政之所得孰與教多也哉、且夫朝廷有善治而後天下有民風、其機相感召哉、而善之中又自有辨焉、則撫世者貴審所尚也、何也、條章不具雖聖賢不能以齊民、政不可廢也、良法一懸、雖世主亦足以坐理、善政尤不可廢也、然而謂可以盡得民之道乎、未也、吾以為不如善教焉、蓋綜名覈實之朝、其所防範者誠密、而教化或未遑、仁漸義摩之世其所涵濡者至深、而政與不相及矣、以明其然也、政誠善、則明示天下以等威、而為之民者亦闕于其約束、而有所不敢玩、教誠善則

非善○字

焉○云○单○提○教○政○前

挽政說不如

挽教說不如

政、教○順起

下文屢扶二股

轢率天下以忠義而爲之民者亦諭于其德意而有所不忍違矣故

循前意說歸到民畏愛上推原節不□□□伴說快甚

人情莫不欲富而國家一征一輸皆奉法以供者君何以得此于民

政教關要

也善政得之也一人各自以其心爲心而黎庶有同憂同樂者亦以

此二股緊跟上文來

跟定畏愛

戴者君又何以得此于民也善教得之也一人主以天下爲一家豈惠

收善教　而不後更進故翻深總不絕稜

賦斂之不充而僅以民畏之故得其財則尊而不親者亦當而易散

拖晉節

其所得寧幾人主以蒼生爲國脈嘗恐根本之未固而竟以民畏之

故得其心則恩齋爲明威者自閭閻胥府藏其所得無窮是故識治

歸重善教抑身起愛善政乘可勝相應

君子不以操切迮化導而以典章法度佐吾師儒禮樂之功者務草

心也

題入手皆化及按之題面又不失一線安瀾淡蕩似此氣脈乃真古文也鄭崟陽

題中三善政三善教股法最易犯複篇中起處单提善政從善政出善教次二小股說政與教用流水対法中間四股前從政教順起後將政教倒煞末二股緊跟上股末善政善教以串發四向而于股中不復明點政教字樣真倫極股法之妙

善政不　董

善政民畏之　四句　任以治

詳言得民之驗、為治當審所尚已、蓋畏之者未必其愛之、得民財者未必其得民心也、此善教之所以進於善政歟、今以林總之衆惟上治之風草之應夫豈或爽而有時若各出其情以相待者非民之異情也見淺見深情之所出亦適肖其治之所入而已善政不如善教可進詳其得民之效焉夫政教皆仁所見端仁之至與不至民弗與知而民情之至與不至上亦弗能強令自其治之初及觀之雖有悍民令與無敢干雖有頑民明法不敢犯月考之際其宜民者皆其憲民者乎顧民不畏則情疏民過畏則[illegible]離

怡山制義

善教之民又何有父之尊有母之親也盖夏曰之日不驅自冬曰之日不名自來其氣象固不同矣自其化之既成言之勸曾有諠民勤曾孫之稼緩征有文民急曾孫之穡賦式既均其足式者即其足國者乎然民無財患各私其財民輸財又患各私其心以觀善教之民又何不遺其親不後其君也盖民苟利矣君必與焉而心耳歸之身其焉往其性情又各別矣夫法令脩明之則非不為民設諫救非不為民謀身家感之未嘗無具然而其本巳淺民勿能深也刑書鑄矣民遂徵書煮鹽富矣民遂趨富善政之得民止此耳不然大車可以止奔民何以無餘蕉蕭葭未能用禮民

何以有遐思也哉慈和徧服之主未嘗不聳民聽觀未嘗不取民物力致之亦同其規然而上謂有餘民猶不足也吾於緇衣三章見人心之好焉於豳風七月見忠上之忱焉善教之得民如是矣不然行露云多何以不忍於甘棠粱茨既登何以進頌夫介福也哉論外觀之肅似愜民私反不如靜民志顧郊序之不齒不敢怨而辟雍之思服更難忘其和樂之氣果孰多也論趨奉之誠似隱効其媚何如顯獻於公頗寤寐猶戴君王豈惟正不供府庫其悅服之衷果孰摯也然則為治者其將為善政之得民已乎抑進於善教乎夫亦可知所尚已

怡山制義

輕攏慢撚撥管成春蕉雨竹風灑然入聽陸蔚雲

情韻雙絶藻采欲飛 宮蘭崖

善政民畏　二句　　順天省何學　耿　光
師月課一名

觀民之畏與愛，可以知政教之別矣。夫善政善教而民之應之者，乃有畏與愛之殊，爲人上者可不使民愛而使民畏也哉。今夫民之意，非隱而不可知也。令行禁止之後，民于此而見焉；政通還善之時，民亦于此而見焉。蓋猶是民也，而民異矣。然而非民之能爲異矣，善政不知善教之得民，蓋嘗嘗驗諸民矣。今使天下之民敢于玩上，吾知上之人必拂然怒；又使天下之民敢于離上，吾知上之人亦必拂然怒，則必急急乎求民之無不畏我，又必使民之無不愛我，而後爲快乎心也。而又不可得兼也。試爲之籌擇于其間，同將使民畏乎，寧使

善政教○源○流 [illegible]

逆把價[illegible]且截得○任上

文

民愛乎吾知上之人必同與其使民畏我毋寧使民愛我也蓋民畏之不知民愛之也久矣然而民畏之者何也小民自率其真耳平日〔串入愛字〕亦視其君如父母焉以為我怙我恃可依賴耳既而思之而知不詩也象魏而有懸矣月吉而有頒矣我方熊其上之繙繙焉有以督我〔又串入教若止有一層文氣〕而〔使若薄〕遂不知法令科條之已不可且多寬也而惴惴者成屬矣然而民愛之者何也愚民至無知耳平日亦視其君知帝天焉以為撫我虐〔串入畏字〕我未可定耳既而殆之而殊出望外也樹之農桑以植其本進之禮樂以蕩其歸我方孫上之皇皇焉有以迪我而遂不知濬務默率之〔又串入政〕已動我于不容已也而忱忱者遍俗矣而且同善政夫此誠善策也

祈求于民者民已無弗欲也而猶不同善教夫教未有不善者其祈

祈于民者民已無弗應也一法在必信感在必伸豈遂欲絕天下愛戴

之情而深思極慮若姑靈上之說以待彼之勢衰而起民之乾上〻

于畏者不得不歸咎于政也吾安見畏者之猶有感愛也哉一由極于

上錫極于下豈不深天下畏懼之思而惶焉懼悔若恐向上之晚以

致我之隕越貽羞民之油〻無不愛者不得不歸美于教也吾安見

愛者之不愈于祈畏也哉觀之得民財與得民心為人上者可以

長思矣

起手逆斷而入筆勢飛騰後四股逐層串合亦于磅礴之中划見

變化

善政民畏 二句 陸秉鑑

觀民之畏與愛、可以知政教之別矣、夫善政善教、而民之應之者、乃有畏與愛之殊、爲人上者、可不使民愛而使民畏也哉、今夫民之意非隱而不可知也、令行禁止之後、民于此而見焉、改過遷善之時、民亦于此而見焉、是猶是民也、而民異矣、然而非民之能爲異矣、善政不知善教之得民、蓋吾嘗驗諸民矣、今使天下之民致于親上、吾知上之人必構然慰人、使天下之民致于離上、吾知上之人亦必愀然、然則必急急爭求民之無不畏我、又必使民之無不愛我、而後爲快于心也、而又不可得兼也、試爲之審擇于其間、曰將使民畏乎、寧使

善政遍譽

透發倍精且截住上

文

丙午科小題文選　　論

民愛乎吾知上之人必曰孰其使民畏我毋寧使民愛我也蓋民畏之不如民愛之也久矣然而民畏之者何也小民自奉其真耳平日亦視其爲如父母焉以爲我怙我恃可依賴耳既而畏之而知不可恃也豪疆而有懸矣月書而有頒矣我方冀上之綏之焉有以撫我而遂不知法令科條之已不可且久寬也而惴惴者成風矣然而民愛之者何也愚民至無知耳平日亦視其君如帝天焉以爲撫我虐我未可定耳既而覩之而罄懿外也耕之農桑以植其本準之禮樂以導其歸我方怨上之皇皇焉有以漁我而遂不知潛移默奪之己動我于不容已也而欣欣者適俗矣而日曰善政夫政誠善矣其

（串入愛字）（又串入數字止有一處虛之責）（使字串）（串入畏字）（谷串入欲）

善政民畏之　二句

廣東蔣學使科考欽州學一名　譚天遜

著政教之及民者、而畏愛分焉矣、蓋治貴化民、寧第束民于法哉、故觀于畏愛、而政教已有不如者在也、今夫人主莫不有所挾以爲致治之具矣、然而見之民者、政未可以一致論也、夫傚古以來、上無日不治民、民無日不受治于上、而治化之偏全、民性之誠僞、亦即是于其中、蓋治民而使民束于法、與夫治民而使民志乎法、其淺深之數固已畧可睹已、試言善政之得民者、吾觀名法之朝、每致詳于綱紀之文、而其發號施令者、亦未嘗盡廢溫柔敦厚之旨、豈嚴無教而止之、何從以善政見也、夫善政何爲也、毋亦惟是法制禁令以束民于

勢分耳。是故其時為之民者。覩法制之畫一。覽禁令之詳明。毋論飲

食教誨之倫。咸凜一王之法。即禁驚而難制者。亦且束縛于章程而

得揚

畏王章兼點放字矣

不敢逞。是善政之效于民者已如此也。且更言善教之得民者。吾聞

三代盛時。深宮日厲躬行之實。而其朝夕訓誡者。要不越乎天性同

有之良。豈繁無政。而茲君獨以善教傳也。夫善教何事也。亦惟是忠

信禮義。導民于天性耳。是故其時為之民者。思忠信之可則。念禮義

之可師。毋論食德服疇之衆。咸知媚我君王。即頑梗而不測者。亦且

感懷于提命而不忍背。是善教之效于民者又如此也。爲治者樂于

速效。謂畏威寡罪。苟可以羈縻吾法。則不必有繩民于寬裕之爲而

行善教者必遲之又久而得之似反不如樂速效者之朝至而夕
令矣不知風俗之壞莫大乎一時有奉法循令之為而其欲不測將
肆志乎名法之外而莫知所懲故古者時雍風動之世每不亟上焉
迫民以畏上之名為治者狃乎近功謂令行禁止苟可以得志乎民
則不必有率民以從善之事而樂乎善教者必窮其隱微而洛之似
反不如狃近功者之形驅而勢迫矣不知人心之漓莫大乎在外有
尊君敬上之名而其中不服將蕩然乎文網之途而莫知所忌故古
者刑書象魏之懸亦必循上焉乎人以性情之樂觀乎民愛以畏不
足言矣更觀乎得心而財又不足言矣故曰不如也而言與聲抑又

可知矣

分合詳畧具有書卷之氣原批

情文斐亹機致流暢一語不肯率爾下也粵東風氣月上此才亦

是俊人

善政民

譚

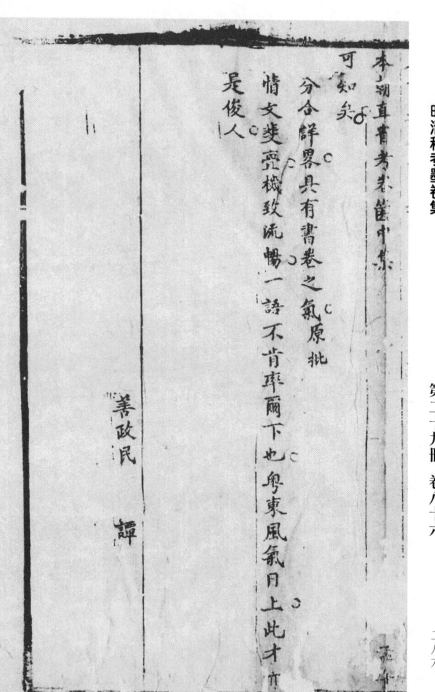

善教民愛之

廣東彭撫臺觀風
潮州府學一名
翁廷資

民有愛其上者惟善教則然也夫善教非有期於民之愛而民自愛之以視徒令民畏者為何如且人主有懷保小民之心而百姓無媚茲一人之意無為貴教矣然吾觀盛世之民率無不蹈々向風推戴恐後者而歎教化及民之深也善政則民畏之法令畢張人懍朝廷之嚴然肅以明法何如動以深情也蓋其意已無餘也法紀修明人知天子之尊然神明奉之何如怙恃依之也蓋其情有難強也甚矣民愛之未易致也是非善教不至此雖虞亦足以為治然民終轉移之矣以為區々法殆將以我市也善教者之建極綏猷原非

邀結斯民之具但見取民之室家而謀之取民之性情而理之是
民之父母則愛為民之師保則愈愛也誠美恩明之下誠終不
矣而云胡不愛壺漿亦足以明惠然民愛之民旋忘之矣以為詐云
者然不如其已也善教者之痛民孔易原非若美言小數之加但見
為民一日計安全為民百年謀久遠是民食父母之仁則愛民戴祖
宗之澤則愈愛也教思無窮之餘誠愛結於中矣而何日忘之王者
之教民也畫井而課耕視學而觀成是則農亦有教士亦有教秀頑
有鄉同之風矣而耕於野者登堂獻春壽之酒與於祭者奉璋有造
右之宜誰不與君王也彼不敢不奔者夫獨非民乎何其風之厲以和

急也以此愿教乎何善也王者之於民也夏楚以示威纛旗以耀武是則兵亦為教刑亦為教王道無與興咻之術矣而侯明撻識權本於好生之功采薇出車咸切夫同仇之感疇自外聖明也彼歌誅詛祠者夫獨非民乎何其肅之哀以思也以此思教乎何善也合觀之得財得心之不同詢乎善政不如善教之得民也

原本經術情深文明　汪愚谷

愛字寫得深切入後波瀾更闊議論更精故以標幟勝也

善教得民心　　王自超

民能以心予上、而後可以言所得也、夫民與君、亦無所謂得耳、蓋[illegible]于得財之政、乃知民尚有心、則亦庶思善教哉、今以君相之權而不能獲一夫之心、天下無全勢、以君相之權而即能獲一夫之心、天下無全民、百姓至愚、惟上所取、獨其財力之外、尚有區區之懷、來不肯一旦上之君父、而人主亦且得半而快意也、然則善政得財、治止此乎、誅求之世、百姓所甚惜者財耳、而反不自惜其心、于是人主曰以羈財易心、民亦曰願以心易財、持愚賤之鄙懷、而欲易東方之[illegible]、得無犯子大夫之怨乎、政令之朝、上下相遁者心耳、而且從相愚也、

一開一合、文情流動、

出折參致、

古趣淋漓、

心於是人主曰心者若所甚難舍其難而責易若且不供民亦曰心
者吾所甚深去其淺而欲深上且不欲以草野之忠愛不能敵行路
此段辭順
之酒漿此民深十五國之悲矣夫上愛之則民各之上弃之則民自
鄙之雖然獨奈何不思善教哉仁厚之朝其訓示者皆不敢過求民
出善教有勢
心之意挾君父之勢取人子寤寐之閒其意刻于矯健矣厲修自上
合以開宕
嘉惠我師意何至也民間孝友之事家頌長老則子弟亦媿于顏況
含雋之至極
夫上累吾君也哉民寧有心寧相負也豈弟之主所廣勵者皆不忍
奇趣懸落
遽求民心之意特寬厚之名取人所難深之物其事薄于叔季矣
兩是法步
以鼓鐘深以雨雪其事何任也生當堯舜之朝則所文告則倚仰何

以為人敢不定感以圖也哉區區此心誰相匿也然則王者之治為
餘取得字之神
所甚難者耳江漢嵩岱有二已取其易多方大誥彌縫何更其難
取徑幽折
民則更也聖人之得天下寧為遲久以為怨然而得之則亦怨然而
失之矣數十傳之天下尚可治以祖宗數百年之民心皆可留于孫
治論尚占此美言
子此豈歲月之事也哉且夫當今之民亦所易得者耳聽周道者致
慨烹魚傷下泉者懷彼周京其民亦猶是也人主之得天下因時而
滌則夫今日易于得心之民正今日難于得財之民耳勿曰民良望
氣雄而語壯
四郊而多勝國之社毋曰民頑行南國而尚有昔年之棠豈非期至
之效也哉彼夫月旦所詔代有其文筐篚所來歲終其會而草野之

王茂遠傳稿

下民寔生心度其所得與善教相去竟何如也然而人主則遂民得半而快意矣

續語悠然

只是君民一餠意思耳偏自説得委婉曲摯便覺娓娓動情西京詔誥以後未易有此勝致　曾仲夔

吳青岳黃陶菴多雄渾之詞而少雋永之趣包長明楊維節饒崛異之致而乏壯麗之色自歸太僕胡思泉諸君子亡後便謂奇言將絕不意於此文得之　龔仲新

○○○善教得民心

史大成

王道以民心為本，而善教之所得者深矣。夫民心不易得，而正不可不得者也。善教也，人以視得財何如哉？且論治道而不究觀所得，焉以定此理之必不可易也。理之必不可易者，期其得而得之，不期其得而亦無不得焉。遠執此之所得，而較彼之所得，果何如也？亦可以深思而自決矣。則吾聽之善教者，善教者非廢法度而不用也，而所用者法度之意。賓德與行，天子一本仁壽，則其所以撫乂者，原入加師之寤寐，而諆其徵。抑非忍賦式而弗計也，而所計者賦式之先。清心寡欲，王者不言有為，而其所以輸將者，乃通一人之夙夜，而献其隱。吾由民愛觀之，而知善教之得民，誠為善政之所不如也。殆得民心，爲民當善教之世，亦

不過自得其心已耳豈如酒漿筐篚私者可以奉之于公歲而家敦華
秀之行戶閭絃誦之風覽其盛者不以為民之自得其心而以為君之
看得民小從妙且与民爱向有别
能得其心也蓋即其順帝則為從王而不必其感樂以為婿主祝壽考
而祈福綏猶為歌詠之淺焉者矣想君善教之志亦不過因民心而使
自得之耳豈如布帛泉刀兼者可以生之使有肤而國多惇睦之良里
明仁義之訓究其原者不以為民固有心而民自得之而以為民未有
心而君始得之　蓋即其近耿光為報國而不必其賦棠澤為成城樂
孔邇而怀好　孰為歸往之显焉者矣如是而可不言財矣三事灌勤
厚生不先正德八政是餝食貨不勝賓師則篤棐忱者亦以報尊親而
得心不必得財豈敢以會計之权系于父母為怀一日如是而財名未

殆不得矣祇德以先天下禹貢紀賦獨詳作典以綏遐民周礼理財獨
原則亦猶斯旨亦以明翼戴而得財云非得心兼可以積貯之事乃為
精微以內之非民畏之所及也夫不忍負君与不敢負君有異焉
否耶此名善政之所欲也頗求之而得与不求而得相去為何如耶
得民心只是得民心之如其善教耳不遺親不后君善教欲其如此
民心便自如此故曰得焉從來作者只說得民愛之而已得及趙文
力有餘三註日生

第二十九册　卷八十六

善教得民心

沈嵩士

民心未易得也。善教不容已矣。甚矣善教之所得者深也。民實有心，寧相負乎。今使天下之民而各匿其心也，長民者必曰民無良。民誠無良，主術奚若乎。試觀古之王者不必形格而勢禁，而化洽之餘，無不回心嚮道焉，則奈何而動曰民頑也。善政得財，所得者止此乎。斯時也，上所愛惜者惟財耳。設告之曰愚賤有懷來，曷舍彼而取此也，而彼且怫然不樂也，以為吾安用此區區者為耶。然民所愛惜者寧獨財乎。設告之曰爾民有忱悃，曷不為君公得也，而彼又慨然不顧也，以為吾寧匿此區區者以有待耳。若此者以其非善教也。誠善教

從上句翻下[illegible]致[illegible]新穎

矣其得民心無疑也一人主至尊嚴矣哉明堂藻火與君王者有之議君王者亦有之民心殆未可以威劫也可若何善教無慮此矣聖天子留意于正身勉強于力行則其以躬修爲教者法宮之司鐸也久矣夫閭黨有長者（用纔舉作析）不肯猶恐姓名之知況有君如此而敢負之乎小民至微賤矣哉朝廷舉動開而視者有焉閭而詛者亦有焉民心殆未可以智取也可若何善教無虞此矣聖天子立大學以教于國設膠庠以教于邑則其以廣厲爲教者勞來之家喻也至矣夫父兄有明訓子弟猶念率循之謹況有君如此而忍悖之乎一薄俗之漸民也雖戶說以渺論終不能化非不能化也無善教者也舉民以幾務

以禮則鼓舞不倦矣即百世而後人性風微草野偶然有廉恥之害（括旨起題意乃見）亦必舉而歸之曰此善教之功民志之日偷也欲移風而易俗渺不可期非不可期也無善教者也馴之以自然待之以積久則興行不衰矣雖子孫之朝風額教弛民間尚留其孝友之行亦必追而原之曰此善教之力較之善政所得孰多乎哉

文情清折要無纖毫塵氣吳荊山云得意處使人思子方青樸良

是

善教得　沈

○○善教得民心

浙江張樂璽會沈嵩士
考選省二名

民心未易得也善教不容已矣甚矣善教之所得者深也民實有心爭相買乎今使天下之民而各匿其心也長民者必曰民無良民誠無良主術奚若乎試觀古之王者不必形格而勢禁而化導之餘無不回心嚮道焉則奈何而動同民積也善政得財所得者止此乎斯時也上所愛惜者惟財耳設告之愚賤有懷來易舍彼而取此也（抑下筆劫之態）而彼且怫然不樂也以為吾安用此區區者為耶然民所愛惜者寧獨財乎設告之曰爾民有憂惆曷不為君父得也而彼又欣然不願也以為吾寧區此區區者以有待耶若此者然慕非善教也誠善教

矣其舜民心無疑也人主至尊嚴矣哉明堂懸大典君王者有之議
君王者亦有之民心殆未可以威劫也可若何善教無慮此矣聖天
子留意于正身勉強于力行則其以躬修為教者法宮之同鐸也
矣夫閭黨有長者不肖猶恐姓名之知況有君如此而敢貿之乎小
民至微賤矣哉朝廷舉動聞而視者有焉聞而詛者亦有焉民心殆
未可以智取也可若何善教無虞此矣聖天子立大學以教于国設
膠庠以教于邑則其以磨厲為教者勞來之家喻也至矣夫父兄有
明訓于弟猶念率循之謹況有君如此而忍悖之乎薄俗之漸民也
蘇尹說以渺論終不能化非不能化也無善教者也摩民以義節民

以禮則鼓舞不倦矣即百世而後人往風徹草野偶然有廉恥之士亦必聚而歸之曰此善教之功民志之日偷也欲移風而易俗渺不可期非不可期也無善教者也馴之以自然待之以積久則興行可衰矣雖子孫之朝風頹教弛民間尚留其孝友之行亦必追而原之同此善教之力較之善政所得孰多乎哉

得意處使人思予方青嶽革嘉善陸襄哉先生亟稱寶崖岱瞻之才良不誣也

善教得　沈

善教得民心

二名 童祖尹

心之效可於民愛推之也夫心似無可見也而善教者已得民愛則其得民之心也夫何疑今夫民之所匿焉而不輕予者其心乎蓋民藏其心非若形迹之地可以權勢臨之而使其勉強以相從也然亦視乎上之所感者何如耳苟敷言一本乎皇極則諄諄訓迪之下民心亦大可見矣彼善政固得民財矣財為民之所最珍爭出其所最珍者以為上獻似并出其心以為上獻矣而未必其獻也財為民之所難捐恐擧其所難捐者不為上吝似并擧其心而亦不為上吝矣而若或吝之也乃以觀夫善教者從容庶化之餘未嘗不致九州

（直指心字入亦老）

（從上得財引）

〈得心另一筆意老生新〉

明朝墨卷秘笈　福建　太乙閣校

之貢賦然筐篚將之而已神明奉之矣式化厥訓之下未嘗不隆下
土之輸納然方物是貢而已衷曲是陳矣故猶是民心也而善教之
民心若有異猶是得民也而善教之得民又若有異吾想善教者之
（善教者得深細）
心亦良韓矣高而慮其過也卑而慮其不及也委與匡直之懷久矣
（民心自不忍又合極得爭題古來六法）
潛通億兆之寤寐心與心相感則何弗心與心相應乎善教者之心
亦孔勞矣沉潛而剛克也高明而柔克也鼓舞剢濡之志久矣愜洽
萬姓之隱衷心與心相示則何勿心與心相孚乎天最為樸魯者莫
（得心意寫得曲詩生動）
如民心而德教洋溢則群黎烝動悉變其樸魯之心而工於媚上易
（兩意諧併心）
於詐偽者亦莫如民心而聲教四訖則兆民丕變悉革其詐偽之心

心合言指

而誠於歸戴之不必恃威靈以攝其懷而沐浴其宇者自服教而畏神無事布誓誥以束其志而漸摩其下者自遠至而邇孚假而曰善教未必其得民心何以稽古之善教者民皆父母頌之元后戴之於之然上萬年之祝而傾心恐後也哉

最愛中二股從教者之真心化民處講出民心感動之由真至懇切語不煩而題理已透識解自高前後詞意俱刻華路清疎皆與膚俗手迥別

尊其位　三句　熊伯龍

敎本之事三舉之而備也蓋非位與祿豈能安其外非好惡與同豈能安其内近古之事亦閑此乎昔周之封君蓋八百矣而同姓之國且至五十先王于本支之間何嘗不衆建而少其力哉雖然衆建而

○爲○長○計○固○其○説○謝○出○本○題

未嘗以衆人遇之少力而未嘗以少恩處之所由與後世異也一曰尊其位一曰重其祿一曰同其好惡聞先王之世有家君失南面之尊支子列蔡民之數肖乎曰無有也弱弟之戲遂封桐也與商未

○戒○句○意○乃○使○事○中○又○使○事○多○法○或○錫○六○河○必○堅　更　商　正　坐　不○叢　字

○秉○二○叔○不○

之閑也介弟之貴且分陝也要與商末之開也他若滕子未微援宗

耳　又○二　晉　衆　具○最　隆　徐　者　以　該　中○間

盟而無外侯蔡胡世辟辭嚴罰而後舊土亦惟天家爲永令焉公令

日者雞之龍旂于故府謝河海于鄰封而驚舄信圭居髙無恙誰之
賜哉問先王之世有覲頻鮮朝宿之稅時裝斯湯沐之須者乎曰無
有也錫田同大啓宗邦之報功不敢不適也求後而並封之嘉
讓亦不敢不及也若夫晉之有陽樊也王第可以錫原侯鄭之有祊
田也懿親莫重乎母弟其在中主周敢愛上錯焉考之周禮雖山澤
所及等于王人侯國祿餘待用天子而提封采甸口不言貧豈不優
哉問先王之世有尚言而相鬩于牆呼伯而靡所與同者乎曰無有
也匪則為肥牲為醴酒我可為諸父昆弟談笑而道之也變則為咨
祈為齋雨我可為諸父昆弟要準迹而道之也是以王有慷則賜之

之○甩、許、虞、背、倡、

弓矢此推而同之之義國有故則上告天子此引而同之之義亦祈大宗小宗咸有一德焉蹇辛六衣之請也私室好之公室惡之諸姬之盡也異姓好之同姓惡之有王者作除異族之適庶亦方伯以腠心召好去惡翼戴天室豈有此患哉

使事太多恒恐傷氣此偏動君有神致無填綴之累無排比之迹歎其筆妙也　韓慕廬先生

其徵材處洛鄴非常曠典言之以觀出類面典禱中正瀾璧龐揚擒藻華者乃終身不解　屺瞻先生

空靈三項雜古雅如震川先生作猶不免似親之欲其貴愛之欲

其當語頭煞處必操要昔韓子已云爾所以殊于掛一漏萬者得義門先生指出乃彌覺是文之足貴若鋪填故寔以肥韓宗伯所云填綴排比之累將觸老杜鍾禍之恆矣與空疏者又異以勝

尊其位 熊

尊德樂義 二句

何煜

大賢示自得之寔、德與義有獨尚矣、夫不可以囂囂者、以德義之不我有也、尊之樂之而有不自得哉、今夫身貴則萬物皆畢理足

高曾声振

則萬感皆得安、聖賢之所以自處、而流俗人莫能與也、是以吾人為學、舉天下可喜之事、渺然不以動其心、而無在不有以自慰、蓋其所挾持者有素矣、則所謂囂囂者、豈無敵乎、凡外之有可加者、

山谷

其中必有所不甘、而囂囂者獨有以超乎萬物之上而無可加也、

尊樂兆領上比

何其尊也、而要非虛有所尊也、抑中之不自得者、其外必有所甚厭、而囂囂者猶有以入乎萬物之中而無不得也、何其樂也、而究

非德有所樂也身有德焉有義焉二者固人之所共有而非在我（方出德義）
獨見優在彼獨見拙也何以囂囂者之不爲見耶嘗觀人之遊也
見爲公之貴則改容而禮貌焉否則屈我德以奔走焉是其所尊（反振一比蓄勢甚寬）
者有位也而奚念有天分之崇人之遊也遇爵祿之榮即歡欣而
鼓舞焉甚又舍我義以曲徇焉是其所樂者厚寔也而何念夫人
道之美若此者信理之不篤持躬之未固漸而深焉又漸而溺焉
終其身僕僕於風塵之際而進無以自重退無以自遂無惑乎知
不知之得以困我而囂囂者之难至也設也淡人爵爲不足尊而（正面全現）
所尊者惟德具乎性者不敢褻得於心者不敢忌斯物所不能勝

尊德樂義　囂矣　張旭

能自全其德義者、無往而不自適矣、甚矣、囂囂誠未易言也、知德義之在我而尊之樂之、焉往而不囂囂乎、且夫人生之始甚適也、自世俗之誘動于其中、則性分之美遂不能以自適、而戚戚者無窮期矣、惟于其所自具者而予我以至重、復予我以至安、斯性分之內莫非坦然之境、則夫入焉而不自得者蓋已寡也、予問何如可以囂囂、得毋欲人之尊我、人之樂我、而後囂囂乎、抑知我自有其可尊者在也、一人之情、抑之則卑、亦謂我固有其可尊者、而何忍為人之所賤也、夫我本有其甚尊者、乃儳焉富貴顯榮之勢、各挾其厚力以相邀、然何不為之原矣、思吾今得于以求固有之善與性、而存渾然者其體

康熙辛卯科雲南

而常伸于萬物也。秩然者其質而不淪于私曲也。尊之而闇室敬修之餘。時凛上帝鑒觀之意。吾尊吾德而人知之于吾之德無所增。人不知之於吾之德無所損。浩然獨立于天高地厚之中。而權不可奪。境不可移。夫誰抑之而誰黜之。向使我不自尊返之降衷之固有其抱歉方深耳。亦既俯焉仰焉。愧與怍之交泯。而人爵之榮直淡漠視之。此時之意量覺天壤之內莫有能與之並衡者。而何勿恬適焉。抑我自有其可樂者存也。凡人之情拂之則戚。亦謂吾自有其可樂者。而何以忽生其憂也。夫我本有其甚樂者。乃當夫紛華靡麗之來。皆搖其可喜以相誘。幾何不引之去矣。思吾自賦性而後所守之正隨在處。寬坦然者其途而由之可以盡變也。秩然者其理而精之可以

根上知不知

寵辱有身分

再作推宕

恭字實疏樂字真等

入神也。樂之而日用行習之際。時有鼓舞洋溢之休。吾樂□而人
知之。吾之樂如故。人不知之。而吾之樂仍如故。悟然循習于動靜云。
為之內。而利不可回。志不可枉。夫何戚也。而何憂也。向使我無可樂
而問之畀生之顛蹈。其獲𠩄滋多耳。亦既優焉游焉。心與事之咸適
而嗜好之。按將嚴正以拒之。此時之抱負。即于流在野。有不能與之
相易者。而何弗愉快焉。以云囂囂。洵乎可以囂囂矣。不然者我實無
圓轉完足
具。而盜處士之虛聲。以邀游人國。又安見其可乎。

德義不是兩個。德以全體言。義以致用言。德本可尊。而尊德以滿
本體之量。義本可樂。而樂義以妙致用之宜。文既發清真。囂囂意
自包括裹面。不須更足二比。氣昌力厚之文。兆恒

康熙辛卯雲南

尊德樂義　望焉　陸凱

本德義以貞窮達而見自得之實焉夫尊德樂義窮達皆以之矣得已而民不失望士亦安往而不囂囂也哉嘗思人自入世以後而外來之境反足以奪在吾之權由是通塞無常而人已兩負識者知其內力之未定也吾今試語子以囂囂之故夫人之自得者以其本有所得于天者也無欲者以其有大可欲于中者也則德與義是也德為良貴不軒冕而常榮特以吾別有所尊而性分之理反以輕矣誠念天之所以與吾者甚倫而不勝恭敬奉持之意寵之加不足以歆吾尊矣又何得喪之係于中然義以悅

（囂囂之內探出德義本原理精筆健）

（透字疏出情義）

（即從）

（囂囂意醒透）

不膏粱而自肓特以吾別有所樂而中心之安不在是矣誠念
吾之所以自守者甚正而不啻服習居處之安雖有紛華之誘不
足以易吾樂矣又何欣戚之動乎中歟士誠若此寧乎獨貴〻于人
知人不知云爾哉（落〻句〻中〻肯）窮可也達可也大義自在人心而第恐艱難中（縮〻定〻尊〻樂）
之志節非名教所能留乃兹且凜〻乎其不失也是所尊所樂者
固以窮而益堅矣吾道素所抱負而轉慮功名中之學術易苟且
以相蒙乃兹且循〻乎其不離也是所貴所樂者亦以達而愈光
矣（直〻下〻得解）是何也蓋義者士之所以為己者也存（切〻定〻己〻字〻發〻揮〻語〻〻精）心一本乎義而已之性
情（寬〻定）以端守身一準乎義而已之名節以立不然一失已而愧怍奚

安人將謂吾隕穫于貧賤矣而又何囂囂也哉道者民之所以
望孚尤寫得精采
望者也望士以父母而其道果足以長人望士以師保而其道果
足以型俗不然一失望而名實難副人將謂吾充詘于富貴矣而
收束圓湛無一懈筆
又何囂囂也哉蓋惟德義中之蘊藉既深斯任人世之遭逢皆歸
有主亦惟窮達間之規模盡善乃見聖賢之道德利用咸宜吾于
是思古之人矣

斂才就法鍊氣歸神風格在蔡陽石簣之間　袁悅公

題苦其板文之步驟結構獨能化板爲活而逐段仍各有精義
錦簇花團光彩奪目　門人□隆

尊德樂義　望焉　陸凱

尊德樂義　囂囂矣

月課同安縣學超等一名陳方琁

有所以囂囂者其所全者大也夫莫大於德義而尊與樂有交致焉以云囂囂、奚不可哉今使挾策候門而輙視彼巍巍、不敢復伸其志氣也此其樹立為已卑而其精神亦太苦矣夫性分之高較隆於勢分而道味之甘不藉乎世味我之所抱負者何如而謂無

意豪悠然

所恃焉以自適耶則吾得舉遊之可以囂囂者為予告焉凡事倚於人者恒不如得諸己者之為貴內無可重之具而喜怒由人進退因人則碌碌、官骸自覺寬閒之地少而跼蹐之地多凡事狥於

謝○制○囂囂

物者恒不如規於理者之為安躬無可據之守而毀或捷之遇或

[illegible]六十家

岳

修之則蹙、前途亦覺困逆之情多而安舒之情少、若此者惟知
其人之可尊而不自知其有可尊者在也亦惟知夫外之可樂而
不自知其有可樂者存也而有如尊在德而樂在義者乎德之所
在不膏粱而飫不文繡而榮不公卿大人而亦貴共秉之彝所以
（着○實○見○得○所○以○可○尊）
華稱為天爵也吾奉吾天而以踐吾形有丈大之官吾事吾大而
盡吾性者盡天之則斯尊之至者矣尊之至而德益崇則其
底乎莫尚者當躬實多日逸之致義之所在可以靜奔競之風可
（帶○起）
以肅貪緣之氣可以正朝秦暮楚之心術蕩平一途所以共遵為
（着○實○見○得○所○以○）
正路也吾守吾正而身與為依即心與為求吾持吾正而氣無弗

定即神無弗間斯亦樂之深者矣樂之深而義彌旨則其安之者素者此中實多泮奐之休則見其以尊樂之素形為德義之容不（二語非老手不辨）必其矯為岸異也不必其強為孤高也天性既伸則人貴自屈而萬鍾千駟何足以繫其懷至理可安則勢利自淡而厚實顯名何（莊重而出以游揚筆致生動）足以攖其念獨往獨來之象吾於斯人遇之矣不必以儒生而誇乎萬乘也不必以巖穴而傲乎權門也吾自有不可屈之故而崇尚既專則赫奕在前而莫以饜其心志吾自有不可淡之旨而欣慕既至則紛華在望而奚以亂其神明寬兮綽兮之概吾又於斯人耦之矣以云囂囂何不可哉子而不好遊也子而好遊亦第問

其德義何如耳。勿謂挾策侯門者之必不可以置足也。

寺鄴侯身着一品服仍有骨節珊珊可想見高人雅致

尊德樂

第二十九冊 卷八十七

貧而無諂

自守其貧知有貧也夫諂何益于貧而諂者多則無諂者難矣乎

貢曰境遇不皆順也而逆者常多人苟厭逆而思去之而其心已苦矣而其身亦勞矣賜嘗見人之處貧也自傷也已而自怨又轉而自嗟而兩貧之相遇也相憐也已而相慰又轉而相需以爲斯世固多不齊之遭而一己乃值難堪之遇彼怡心志者非人乎而我獨無被安暇逸者非人乎而我獨勞累非敢望沈而求救胡且不免孫絡非吾分也而鶉衣乃成百結一身之有用之資矣必自封于不足一身世盡沉淪之境何妨乞人之有餘而于是齊肩相

彀格文　上論

向膝可乐之使前而于是巧言如簧色亦因而献媚而于是人或
為之辭哀人或為之惟食清議可勿問也而于是或得以之借溫
或得以之累膜辱寔我自享之慧囊何其論也乃有人焉卓然自
命而正氣常存矯然自持而俗情盡屏簞豆雖已久虛不受嗟來
之食朝夕時憂不飽猶聞金石之聲寧短褐之不完未敢委身于
溝壑即蓬門之不葺亦惟絕意于逢迎是誠見夫人欲以諂救貧
而乃至辱身究之辱身而無救于貧故鼓之自守如此也賜敢以
無諂者質之夫子耶

先寫貧次寫諂次寫無諂大段分之為三層而從之則人之

處貧一層兩貧相遇一層寫貧字都已暗藏諂字。正諂字原從貧字生來又代貧人口氣寫出可憐可憐寒際先以苦心志勞筋骨對寫次以衣食對寫又次以空乏拂亂對寫然後鐵刻諂字情狀逼諂到困諂見憐困諂極貧至此方結明諂字轉出無諂之人。極力擡高身分在前。不特與下未若一抑對鈄並好為下其斯一悟伏脉。至寫本題正面。從飲食衣服居處上細細描繪。却無一不有成處。末段發明所以無諂之意。又仍只是勉諫一路。不犯樂字邊界。學者固當于大段處看其間架尤當于細分處玩其脉認。

富而無驕　而樂　王際康

由富而更徵其能守，即貧而先驗其能忘矣。夫無驕者，固與無諂同其可矣，然皆有未若者在，曷不就貧而先驗之？今夫人品之不齊也，視學者所造以爲量，而安勉分焉，區區境遇之窮通，豈所論哉？嚴以

（不消劃上截下，而恰是題之起止，卓然大方。）

守之，雖處順境，而能持，力之所以常定也；淡以居之，雖處逆境，而能適性之所以常貞也。貧而無諂，風誠古矣，而賜之意豈專在此乎？夫

（從子貢說入，映帶甚巧。）

結駟連騎，遊于諸侯，既不與褐冠藜杖者共其貧，亦不與簞瓢陋巷者同其樂，賜固居然富中人也。雖然，賜豈猶夫富中人也哉？世情之薄也，貧則忌之者少，故可樂；富則怨之者多，故裒謙以持盈誠全

身之術也遭遇之殊也處貧者恒樂其素處、者恒惧其多尤滿（樂字步）
而不溢亦涉世之方也賜以無驕為問夫亦自況云爾以視無諂者
同乎否乎而吾因竊有感矣人當得志之日能勉自韜抑一朝失（淺下）
意爽不至大喪其所守庶幾哉加人一等矣惜也止乎此也古來達
（處亦誰辨補此獨字斟酌文致亦淋漓可喜）
士高人千日亦淡然功利而特以所遭不偶困頓無聊輒鬱鬱者久
之即使牖歆一室大率類矯情鎮物者之所為其不能怡然自樂可
知也夫子曰苦而人者可則均可矣獨不有未著者在耶試即以貧
論吾性中本來之美富固不加盈貧亦不加減安其遇者斯陶斯咏（驕字無端忽含）
可終身也纔有人焉以勢位驕之而彼且恬如忘吾生平固有之天

貧而無諂　一節　　王毓著

賢者有得於處貧富聖人進之以安遇焉夫無諂無驕樂與好禮皆貧富之善道也然繇乎後之說則更進矣且夫五福六極讀洪範之書而知聖人之欲亦不甚異於常人特境之所際不容強齊而人之所處可以互質故師弟子之間以為是學問之事而勿之敢忽也昔孔門七十子之徒唯賜充饒益肥馬輕裘中絀而表素大約從貨殖中得力耳然而正冠則纓絕振襟則肘見納履則踵決若此者又在何等也嗟乎置身三代而下而欲貧富不相羅斯蹇難也貧而無諂富而無驕賜固有所見而言歟夫人生不逢堯與舜則援草烹石皆

吾分內之事也況惡衣謂之困厄徐行謂之饑餓諂亦無益於蔽蔭墻兮不以昧吾寒素吾何屈乎姬姜且人生不逢堯與舜則鼎食擊鐘俱非得志之期也然田畝連于方國榮樂過於封君驕所必至歟指粲肥兮不以易吾故常吾何傲乎被褐子貢曰何如夫子曰可也斯亦處窮之上規席豊之盛則欲雖然無諂而不免于憂無驕而不免於鄙使憂能傷人則之子不復永年使鄙可守財則詩人無慼適死矣（文有詩情）琴瑟者君子之所御而嘗與貧者相宜然懷其器則當窮其理取其音之清而不悲耳當樂事之甚聆忘斗筲之在室浩歌商頌紬（对亦古雅）繹唐風人以為雀雀之處子又以為儇儇之頎人金玉者世人之所

琢而嘗與嵩者為緣然擁其贊則當肖其德取其質之温而能栗耳處禮廢之頹俗知雅人之不渝雜佩贈遺狐裘章志人以為京維之饒士又以為鄒魯之儒生樂與好禮以視無諂無驕為何如哉要之人不以諂而不貧不以驕而益富嗜魚而企河魴撫林而矜桑漆賜則謂不如已焉然人但知無諂止能勝諂但知無驕止能勝驕貧無以為禮聊以來我歡情天勞我以富為之羨彼高矩夫子若更有所異焉而子貢於是進而歌淇澳之章

溫其如玉

貧而無

王

9

○○○貧而無諂　無驕

山西晉宗師歲
入沁源縣一名　李　矩

處境而能守者若無以累其心焉、夫貧則諂富則驕、人情乎、今曰無之、不已見其能守哉、聞之志士不困人以殉己、賢者不尊己而卑人、故處窮約而自甘者、有守之節也、履盛滿而知戒者、亦持盈之道也、有如懸磬興悲、家無担石者、非貧乎、鍾鳴鼎食、席豐履厚者、非富乎、天下貧者常多、富者常少、於是乎有以貧干富之事、天下貧者常賤、富者常貴、於是乎有以富役貧之理、以貧干富而諂生、以富役貧而驕生、所斷然也、夫貧而諂富、者未必遂令我不貧、然貧不期諂而自諂也、抑富而驕貧、者且將嫉我之富、然富不期驕而自驕也、使貧者與貧者遇、則亦竟可無諂耳、乃貧者又必求富者而與之朋、得以諂為自走之術、使富

（以下[illegible]無諂無驕推[illegible]正[illegible]本自[illegible]無諂無驕為）

天下新歲牘

一

者與富者處則亦竟可筭驕耳乃富者又自厭夫夂者之相爲待將以
驕爲自達之具雖貧亦筭終貧上之理然在富而餘議夫驕若在貧而不
妨一時爲諂雖富亦筭終富之勞然恂貧而方謙夫諂者任富而正可
及時爲驕且貧若恒思富、若恒憂貧思富而不富可以諂矣憂貧而
不貧可以驕矣月貧者每不欲人之富、若常自謂己之貧不欲人富
而彼已富筭妨諂矣自以爲貧而本不貧筭妨驕矣此皆情之必
天下須如是者哉今誠有一貧者焉未嘗不自知其貧也特不欲以貧
迎人之富有一富者焉未嘗不自知其富也特不欲以富欺人之貧蓋
謂我自貧也于彼何求而用吾諂也夫諂人者必異人之嫌也異人之
憐而不得徙爲失己而已矣即或果憐曷禁其意氣之相加哉以我之

諂致人之驕而我生曾無得驕人之一日亦良可嘆也則不如守其貧也從不必以我之貧反傲然于富之上惟此卑詘之態則執一以爭無之謂我雖富也于人何與而用吾驕也夫驕人者必欲人之畏也欲其畏而來必徒為斯惡而已矣即或果畏惡見其趋承之多術哉以我之驕致人之諂而我生或反有諂人之一日亦良可恥也則不如守其富也從不必以我之富反屈然于貧之下惟此盈滿之容則執一以爭無之是者天下皆貧而諂而彼獨留一不諂之貧固力與貧抗者也出而與富遇如無富也天下皆恃富而驕而彼獨留一不驕之富固力與富持者也出而與貧遇如無貧也于人情必至之中而矯然自異如此夫子以為至耶否耶

貧而無謟　一節

吳師栻

即處貧富之道而見所造之無窮焉蓋貧富特其一耳而處之且不一道也則即貧富中而所造安有窮乎子貢其亦思之乎且天下學無可止也則諂亦未可恃也故即固此處境之事而或則貞之或則淡之蓋賢者之所矜衆之聖人而爽然失矣若此者子嘗與子貢論（是上二即）貧富而發其端焉今試有兩人於此彼此之貧富相若也乃互形之（作於）而覺履境者之不以一節終也則益歎所得之無多矣今試有一人於此前後之貧富相若也乃歷驗之而覺處遇者之不以一端竟也則亦悔從前之自域矣此無他學以相觀而見絀諸以日進而益新

也斯時子貢其猶未之辭耶曰貧而無諂富而無驕何如殆慨然有有命之懷焉而夫子則已見其深矣曰可也未若貧而樂富而好禮者也蓋殷然有求多之念焉雖無諂者亦自有樂無驕者亦能好禮不相妨也顧為貧而去諂為富而去驕則是勵其守者常恐恐焉留一貧富之形也無乃拘乎若能樂者必無有諂好禮者必無有驕處相忘也故樂不以貧生而其樂不改禮不以富設而其好彌真則是動以天者早落落焉不作貧富之想也不較處乎是故以兩人而各造一境也則無諂者必求至於樂而後已焉無驕者必求至於好禮而後已焉以彼較此所進寧有窮耶然則貧富中固亦須是變深之

意○在下文

別耶以一人而斷臻其極也則無諂矣而尤必以樂為驕焉無驕矣而尤必以好禮為歸焉由後覩前所歷烏容執耶然則貧富內固亦有是安勉之分耶不能持于貧富之中而高語澹忘虛焉而不寔也則其功未可驟也然即貧富言之而學之無盡者既如此矣業已絕其驕諂之累而漸幾神化坦焉而自洽也則其事存乎人也故就貧富論之而諂之相深者且有然矣而斯時子貢則已曠然解矣以為未諾之旨夫子蓋于貧富發其端矣

最合一節題作法

甲戌科小題文選

貧而無諂富而無驕

汪一瀊　戴田有

有不為境所累者賢者深有意乎其人焉夫貧而易諂富而易驕此其情也故予責深有意乎無諂無驕者也若曰人之自處固不可以繇守也因境而失其守者必其先未嘗有守也故能用力於自守則雖其所遭之殊致而固已無所處而不當焉今夫造物者之不平也同是人而若獨有沮之者矣同是人而若獨有私之者矣境遇至紛大約不外此二者而已乎是處境者之多弱也天沮我而我安得不自沮矣天私我而我安得不自私矣人情雖變亦大約不外此二者而已故不幸而值夫貧〻者曰嗟乎吾獨奈何遭至于[illegible]予然不[illegible]

盧光貧富

盧光驕諂

此端○驕有神

何以居此貧乎幸而值夫富〻者曰嗟乎吾獨柰何不用吾驕乎假而不驕而何樂有此富乎彼夫貧者與貧者未有互相謟也必向富者而謟之情亦知富者之纖嗇遠甚于貧者也而猶以謟焉者徒受其驕以去乎（纓帶雋妙）有人焉不為貧所溺也而能自守其貧吾身可困也吾志必不可奪乎居不無撫心浩歎而至與人世相接則無論趦趄羈（对下樂字）驕者有所不出也雖稍〻形其沮喪之態而亦無之矣抑富者與富者未有互相驕也必向貧者而驕之情亦知貧者之失志無柰吾富何也而遂欲以驕焉者并致其謟以來乎有人焉不為富所累也而能自守其富吾身雖適也吾情豈可以縱乎居不無撫躬自幸而至（对下好礼）

與人世相接則無論傲慢恣肆者有所不出也雖稍稍形其得意之容而亦無之矣凡人之能諂者亦能驕善驕者亦善諂故以諂者處富富必驕驕者處貧貧必諂是貧富無往非沉溺之境也人之無諂者或亦可以富無驕者庶可免於貧故當貧之時而戀於驕者早自信其善處富及富之時而觀于諂者又自憶其善處貧是驕諂無一有幾微之萌也○夫子以爲何如

驕諂互發妙悉人情不似時下空腔子後從子貢先貧後富着想亦復愈轉愈靈

富而無驕 而樂　周季琬

無驕不足以盡富當進求夫安貧之心也夫富而以無驕盡則無諂亦足盡貧矣雖若樂者之可進求乎且君子服道敦修恒期古處則于貧富之間每絕乎慎之矣然善守貧者未必難處富必誌其人以爲攷究之端而能守富者又未必善忘貧必貞其志以爲進論之益子貢之言無諂亦皎然志節之士與而欲以此盡居貧之心槩居貧之道則未知其何若也雖然人當終窶之時貞廉或足自保一旦擁膏腴則矜情易起矣故巖豐知懼舉世咸慕其高風抑處困窮之際志量或可居先一且席華靡則接物愈難矣故持滿思危吾黨足一

着筆便妙于

都用側法

帶起自然

側轉滑法

深其顧慮。此富而無驕，子貢盂舉之以折衷也。且賜也結駟聯騎（波瀾恰好）
于諸侯，少而貧，長而富，習見楮冠咏歌之子，益折節不敢先人，則言（即帶俠集字乃）
念無驕，其殆有自足之心乎。子曰可也，貞其過也，嘉其節也，雖然猶（則起下意妙）
未也。一夫富者深思至計，或鳴謙以遠患異人之猜怨我也，或挶虛以（講無驕處便見未若）
防盈望天之常佑我也，以視貧困之徒苦節自貞，抑勃無聊，其遇不（側轉無諂正為側落）
同，而志同，則無驕者眷眷然未能忘一富，猶無諂者鬱鬱然未能忘（側處見全刻）
一貧也。吾即于居貧者進之，一貧本無與于我，而無以自解，則愁苦之（有詩之言）
氣將激而為不平，有人焉悠然自永于陶遂，亦性情之獨至已。我本
無與于貧，而無以自受，則矜厲之節亦蕩而為不情，有人焉夷然自

居于恬淡又學問之獨深已以視無諂誠未若哉而或者曰貧賤驕（巧○合）
人君子之槩也身居韋布而陵鑠王侯家無斗筲而笑傲一世不知
（側○互○犯○又○起○下）
貧者可以驕富將富者亦可謂貧易無諂者爲驕并易無驕者爲諂
其爲得當否耶吾又進富者而言好禮矣
截得上下去鉤得首尾任中間過渡自然何如可也未若仍還正
面波瀾映帶處巧而不鑿不釋其得法只是善於用側○側法亦
非近人所少但法愈工而文愈脩那得有此雅秀

富而無驕　而樂　周季琬

無驕不足以盡富當進求夫安貧之心也夫富而以無驕盡則無諂亦足盡貧矣欺若樂者之可進求乎且君子服道敦修恒期古處則于貧富之間無繩以守慎之矣然善守貧者未必難處富必誌其人以為致究之端而能守富者又未必善忘貧必貞其志以為進論之蓋一子貢之言無諂亦皎然志節之士與而欲以此盡居貧之心槩居貧之道則未知其何若也雖然人當終窶之時貞廉或足自保一旦擁膏腴則矜情易起矣故履豐知懼舉世咸慕其高風抑處困窮之志量或可居先一旦席華靡則接物愈難矣故持滿思危吾黨宜

著華便妙，手扣載。

抑用側法。

几帶是句然。

劉轉得法，意亦警。

本朝歷科小題文選　上論

波瀾而好

其顧慮此富而無驕子貢並舉之以折衷也且賜也結駟聯騎賫

即○曲○伏○樂○字○巧○

于諸侯少而貧長而富習見楮冠咏歌之子益折節不敢先人則言

剔○起○下○意○妙○

貧無驕其殆有自足之心乎子曰可也貞其過也嘉其節也雖然猶

講無驕處便見未字

未也夫富者深思至計或鳴謙以遠患與人之稍怨我也或拘虛以

側○轉○無○諂○正○為○側○落○

防盈儗天之常伺我也以視貧困之徒苦節自貞抑勃無聊其過不

側○照○見○全○妙○

則而忘同則無驕者禁禁然未能忘一言猶無諂者鬱鬱然未能忘

有○得○之○言○

一貧也吾即于吝貧者進之一貧本無與于我而無以自解則愁苦之

氣將激而為不平有人焉悠然自永于陶遂亦性情之極至已我永

無與于貧而無以自愛則矜厲之節亦蕩而為不情有人焉夷然有

居于恬淡又學問之獨深已以視無諂誠未若哉而或者曰貧賤驕（巧合）
人君子之槩也身居韋布而陵轢王侯家無斗筲而笑傲一世不知（關互處又起下）
貧者可以驕富將富者亦可諂貧易無諂者為驕并易無驕者為諂
其為得當否耶吾又進富者而言好禮矣
截得上下去夠得首尾住中間過渡自然何如可也未若仍還正
面波瀾映帶處巧而不鑿不釋其得法只是善於用側側法亦
非近人所少但法愈工而文愈俗那得有此雅秀

貧而無諂富而無驕

張方晉

處貧富之難也賢者罔念夫自守者焉夫天下之貧富者皆天下之驕諂者也而克無之即子貢亦視為不易矣今天下無人不在貧富中也乃貧富之千人也甚矣貧富之態有不期至而至者焉而或且謂處貧富之道應爾也而不知已失其為貧者矣而不知已失其為富者矣若是則天下必皆貧者而始得也夫貧與富還無慮其至于歎度耳而不皆貧也故見可欲焉則志已懾矣抑天下必皆富者而始去也夫富與富俱無慮其有以自高耳而不皆富也故欲以下焉則慾苟長矣苦乎貧者諂而欲富天下矣富者驕而欲貧天下矣孰

張洒科小題文一集　論語　匠門書屋

是其無之奇乎始焉或嘗以諂媚為羞也而貧終如故也夫乃憣然曰吾貧者也寧無去貧之道耶于是見富者而諂焉繼且見貧者而亦諂矣蓋見貧不見己矣而貧非可去之物也則亦徒以自苦而已吾自審事事無所讓人而讓人者獨此一貧曾不知貧之于我何病也固宜其卓然自立也始焉或嘗以驕為戒也而富亦殊無異也夫乃恍然曰吾富者也寧無用富之道耶于是見貧者而驕焉繼且見富者而亦驕矣蓋見富不見己矣而富非有挪之物也則亦適足招損而已吾自顧事事無以過人而過人者獨此一富究不知富之于我何加也遂因而欿然自下也諂亦貧者所不容已耶無聊之况

日迫于前此際誠有所難堪而不禁其自眡以華兑也乃彼所弃乎
遇之變我獨引爲士之常而志氣由以不墜矣若而人者舉世且不
履題讚
以貧目之也此真貧者乎一驕亦富者所不自知耳無涯之欲能挠我
情此時誠有所難持而不覺其自肆以快心也乃彼方傲人以所必
我獨不以此自多而紛華可以無悅矣若而人者舉世且不之富旋
見以辨渭而未流是卑 貧富也
之也此真富者乎一夫予以爲何如
繳題高絕如李伯時洛神風神逸韻寓在筆外尤雁惠 研[illegible]
脫棄尋常畦徑標新領雋視前輩鶴灘臨川小題妙得其筆墨三
昧也 本朝名家惟慈廬學士能擅場常云前輩寄工行筆必

從小題悟入學射者先視習御者先趣舍是何足與于大匠不傳之巧乎

貧而無　張

富而無驕　如磋　張嵩齡

賢者善于處富、因聖言而首引夫詩焉、夫無驕處富、猶之無諂處貧也、斷樂與好禮之言、而切磋之詩、不首引之而會哉、且夫閱一境更有一境以相嘗歷、一詣更有一詣以相引、則勿謂治境之不可通于治心也、故處順而能自守焉、與處逆而能自守者、其詣為已嘉矣、然處過而能自守焉、與處過而能淡忘者、其詣抑又進矣、豈人之盡其務未盡、昔人為精其所為精、固可緩引及之耳、今夫貞遇之內學聞之道深焉、故處貧難、而處富亦不易、古之人有假賦此門而聲世金石、家禮豐殖、而歌說詩書、當時比物而言[illegible]湯人述其言猶將窮道勿絕、是不特食貧者貴淡泊以明志、即處富者亦豈惟修為謙

（一二起使縮合遞面）（吾也多少轉旋）（老境無驕起）（以無非）（以首乎富貴手該）（辭縮自）（不徒抉詩并樂字好禮之意濟包括）（亦一類）（反後扶落）

棒香堆　　半步　　寶翰樓文大

之斷不已哉乃予貢見不武此以為天下富者紛紛樂見其富者樂
見富而自足之心生淵驕溢之念起于是磨素詩而傲卑寒擁多藏
以處窶陋貧者不作富下賓半把于貧者不自安其富耳富而無驕
不必無論者同為善處境也哉雖然子貢固始于貧者也處後選事
貨殖結駟連騎鬻財曹衛間自此家日益充心日益損則夫□一洪
但當進以處富之道而不復進以處貧之道矣抑知夫子嘗日世胝
流水樂亦在中即委佗進居構粟支數萬而猶恂恂焉不忘循墻之
哉苟不知無諂之外有樂又安知無驕之外有好禮哉以為誠可
也以為未善則亦誠未善也乃子貢于此則又曠然遠慕何也聖人
之心古人之心也[illegible]人之言古人之言也自昔賢侯身等尊優可為

富矣而猶好學深思居高位不驕處等夷雅思淡[illegible]

欲子貢于是首引一言曰如切如磋夫如切而磋之[illegible]心之功

通于治物以為未精而有精者存以為已精而有益精者存學者[illegible]

或意念驕矜妄自滿假非惟不可與聞夫子之言并不可與讀衛武

之詩矣大抵處貧難而處富亦不易苟能日損而無自足則處順境

可處逆也可即以治境而通之於心也亦可身世之間來往[illegible]哉

有斐

前周反覆繫動於句中用議論融化題面後用巧思挽合上文清

疏峭折穩無一筆猶人通幅就貧富處俱用側逆之筆[illegible]遠之筆

文氣運化無痕許元度清風朗月王右軍修竹茂林庶盡此文高

歷科鄉墨卷存雅　上

審其所致○陳蘭顔

富而無　驕

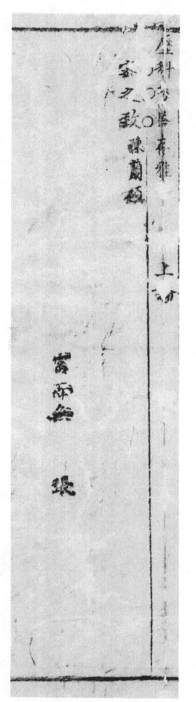

○○富而無驕　而樂　稍訂

喬文錦

知富之易驕，則知貧之不易言樂矣。蓋富固無可驕，而貧亦似無可樂，乃子貢與無諂者而並論之，夫子由無諂者而更進之，旨深哉！且自境有順逆，而人謂處逆實難，抑知處順者之未嘗不難也。處順而能進于有守者之難，較之處逆而能忘乎其遇者，又稍遜也。聖賢問答之際，為節取而參觀之，而所以處順逆之故，亦大畧可覩矣。昔子貢為貧而無諂之問，意有見於世之貧者，往往愁若不自遑迫，而為俯首告哀之情，覺終其身無一時一事之可樂也。貧固若是之難處哉！嗟乎！貧者之諂，亦起於富者之驕耳。吾見今之富者，大抵鄙吝性成，侈泰相尚，遇貧者一至其門，不勝厭則而擯斥乎是。升斗吾乞

富者得以其蓄積驕之有無相代富者得以其恩恩驕之甚至親戚
比儕之間婦子[illegible]月之際有大不忍言者而苟以其施施然自得之
氣驕之孰是發豐而若歉持滿而不溢處已無傲志與人無情容能
以無驕之道處其富者哉」嗟乎富者之驕亦猶貧者之諂耳貧者不
自知其諂而不得不出于諂諂循富者不自覺其驕而人已竊議其
驕一旦克自振拔矯然大異乎凡處貧富之人夫子曰可是誠可矣
今夫天下之人富者僅什佰之一耳而貧者比比皆然其人苟處貧
而無卑屈之思必處富而鮮矜滿之色世之能自樹立者未有不從
無諂中出也而惜乎尚多此貧之見也若有德之士甕牖繩樞而誦
詩讀書怡然終老甚則不炊食之餘而歌聲若出金石此何以稱焉

所謂貧而樂者非耶貧非可樂之境而內重外輕者浩浩然時覺天地之常寬樂不因貧而生而處困心亨者陶陶焉彌見性情之獨適若彼夫耿介為操技求不設終身勿受富人之提挈此其中尚有所大不快者而後乃慨然自振否否有所激發不堪其驕人之態而後乃終窶自甘以視夫夷然無所慼慼于貧之中者不大相逕庭哉洵乎其未若也此以知賜非僅取夫無驕之一詣也為天下之富者勉也夫子非輕視夫無諂之一詣也為天下之貧者進也故曰御取之而處順逆之故已大畧可見也

絕去裁搭恒徑獨以我法行之落落窮家而脫卸鉤連斡旋繳補之法種種俱備丁柯亭

上下各截去一句○則首尾斜對之○雖中間可也二字○統承上文○未若二字○總包下文○則腰間側補之○雖看此文一氣鼓盪而諸法自喚於筆端○真是力大而心細者○仇滄柱

富而無驕　可也　錢世熹

處貧者又能處富，皆聖人所節取也。（浮淡）夫處富有處富之可，猶處貧有（側筆好）處貧之可也。故聖人姑取夫無諂無驕者，嘗謂處境之學，未有不歷諸全者也。（亦屬時氣）故舉其一端，不妨進而更端，而衡品之道，未有僅取其半者也。然有其後說，不妨存其前說。如子貢與夫子論學，而先之以貧寠之以無諂，斯其人亦安往弗善哉。雖然，天下之境不獨一貧，則夫人之習不獨一諂，豈無能處貧而不能處富者乎？（時挑可也）苟中懷不集于谿谷，則量淺者易盈，未可云無驕也。又豈無能處富而不能處貧後之富者乎？苟操持不本于澹寧，則久抑者思逞，未可云孔藏也。故無諂

卅一　庚戌　小題觀畧

者必合之無驕而後可，顧無驕亦難言矣。井田廢而大道偏，匹夫之
孫○閒○論○齊○而○能○合
賤有與天子爭民者矣，貨殖之雄有與王侯者矣，疇挾以驕之
勢而不諂，行野之識，學校頹而人才壞，壺飧之細有德色良朋者矣，
裘馬之微有倨見長老者矣。疇擁敎國之貲而克守涉川之訓，宜子
輕舟已渡
貢以無驕者纔無諂者而並問哉。要以斯二者固未易多得矣。其事
可○也○仍○還○兩○件○妙○于○浙○微○至○皦
而出于兩人也者，則此也孤高，彼也卑牧，去己之諂而并可以去人
之驕，去己之驕而并可以去人之諂，視世之以貧諂富、以富驕貧者
不侔也，不既矯然各行其志乎。其事而出于一人也者，則狷介
後也，謙恭當其在貧，不減富人之致；當其在富，不改貧人之心。視世

之貧而思富，而忘貧者大異也不更卓然而善其守乎是蓋以制貧之道處貧則苦節能貞即感慨悲歌而世不以為病而又推處貧之心處富則撝謙有譽即擁高廩厚而人不以為非雖欲勿許烏得而勿許哉故子貢曰何如全詞也所謂舉其一端不妨進而更端者也子曰可也半詞也所謂有其後說不妨存其前說者也

（反○始○樂○字○）（反○始○好○禮○）

此題之妙只下半要乎中見側以見挽上手法耳然只用併合交互串插之法自得亦無難事若論必快闢思必雋巧則滑熟家縮手矣。

貧而無諂　全章　錢陸燦

聖人與賢者兩有所可、而兩有以進之於學也、蓋就賜之論貧富而可之、可其所未可者也、就言諂而可之、可其所已可者也、而賜進矣、而學益矣。（起有昂昇）今夫賢者以不足為學、聖人以無窮為教、故有時因其所可而抑之、抑之以進於所未得、有時因其所可而與之、與之以進於其所已得、要惟穎悟之士可語此。（提二還抱開緊合）子貢曰、賜今而知天下之境遇無窮也、（抉并然）（使伏）天下貧最足以生人之諂、我能制其貧使之不流於諂、（来若）天下富最足以生人之驕、我能制其富使之不溢於驕、是則操守之難堅也、其庶幾處貧富之道歟。子曰、是言也、子為貧富

言之也為貧富言之其可也然天下之境固不止此貧富也而必拘拘焉持一豐約之見是天地至大而我自隘之也若夫境而自

樂與好禮亦講得精

忘焉樂者自樂不關貧也貧不足以移其樂好禮自好禮不關富也富愈足以形其好禮夫豈貧與富而二之豈論與驕而二之似有關幾幾乎合貧富而忘之則無關矣賜之所為可其猶有所求可也哉夫子之抑而進之者如此子貢曰賜今而知天下之義理

如此說話真自超活

無窮也天下有基者始可以漸進詩人則言切而後言磋言琢而後言磨天下有得者不可以苟安詩人則言切而必言磋言琢而必言磨然則造詣之無窮也其即夫子處貧富之說與子曰是言

也賜不為貧富正之也不為貧富言之其可矣且天下之理不必執此言詩也而必拘拘焉泥於章句之說是誦讀雖多而我不能通之也苟知理之日新焉前之所告者在樂也而賜之引伸不必賦衡門之棲遲前之所告者在好禮也而賜之觸類不必詠德隅之抑抑夫離貧富而二之又離無諂無驕與樂與好禮而二之似有盡幾幾乎合貧富與切磋琢磨而一之則無盡矣賜之所為可其信乎其可者哉夫子之與而進之者如此許可之際所宜務求詳也

告往知來拈詩明

因題製局裁對自然而義理無窮意純于虛處傳神朴中藏巧

本朝名家傳文　論語

固不僅拈兩可字作柱。遂為通篇出奇爭勝也。馬作大槩相同。彼以空明此以高老。汾陽臨淮共推一時名將。

貧而無　錢

貧而無諂　一節

龍海見

賢者有貞遇之學聖人進以能化焉夫均是貧富也而能化則進於能守矣賜而知其未若也曷不求進于所可乎且夫貧富兩途天所以位置斯人者皆所以造就斯人者也顧貧富有定而處貧富之學無窮如子貢與夫子論貧富而以無諂驕問也賜固嘗

旁評上截只如此已足乎眼高人處

一華贍逐

乎貧富之境而欲以其學與貧富爭勝者哉乃力持乎貧即不爲貧所累而猶知有貧也力持乎富即不爲富所移而猶見有富也

斷起下截緊甚

夫子思所以化之久矣故因其問而示之曰賜乎亦知貧富之足以困人乎貧不期諂而遇富者則諂生矣富不期驕而過貧者則

無諂無驕正面反在夫子語中做所以撇起樂與好

八科墨卷新編

禮也
驕形矣天下貧富中人大抵皆驕諂中人也如其無之也不知生
秀頓可世僧房
乎之求不關於貧富者何如而乃有定守若此也然亦思貧富何
新轄異出妙
足以困人乎吾自有樂則視貧猶富而何諂吾自有禮則視富猶
曲折如意
貧而何驕樂與好禮之人固猶是無諂驕人也而如其止矣亦也
不知生乎之求不以於貧富者何如而乃多物固若此也世皆從
步步轉上相影　紹秀
於貧富而獨嚴正自持豈不甚善然而識有未融意多所滯何若
筆
脫然無累者也動與天合乎人皆溺於驕諂而頹靡落自期豈非
所貴然而自命雖高矜持未化何若超然自適者之心與境忘乎
并肩逆筆挽起
蓋道積何常章本備象以觀賢豪辭不同驕諂之意去也於此處

貧與富斯亦可矣（醒可也變化）乃絕乎諂而轉覺貧之無聊絕乎驕而轉覺富之多累刻意勵行以求異于庸衆而終難語乎大道之自然也則烏容遽正也矣志貴上立乎賢豪以視流俗鮮不曰貧富之易溺也苟能無諂與驕斯亦可矣乃未見有樂烏知諂之不竊萌未見有禮烏知驕之不隱伏制節謹度以期至夫賢豪而終未免乎一念之矯持也則烏容自沮也賜也由無諂無驕而進于樂與好禮焉則可者誠可而未若者非終于未若矣

子貢語一筆揭過疾走下截而無諂無驕正面却于夫子口中寫出以襯起樂與好禮布置最為靈變後四股亦步步借上相

○形可也未若意極醒○同此貧不期諂云云若在子貢語中鋪
○排便寬衍不成文字故知高手俗手之判只在纖變與否耳○
背二股醒未若後二股醒可也亦見變化○

貧而無

龍海見

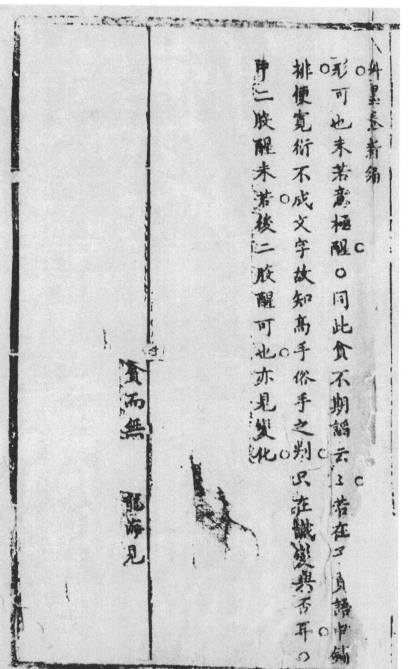

富而可求也　　王式丹

欲即求富者正之、而始審乎其可焉、夫求富非夫子所謂可也、乃先就可求而審之、若曰非是不足以即所求、而正之耳、今夫王者不言有無大業以為富儒者不祈多積多文以為富人苟不自安於菲薄而必弘其蘊蓄安在富之不足用吾求哉、雖然吾竊異夫世之求富者矣置性分之腴而僅心於貨賄錙銖刀布悉所驚心於是見有環堵蕭然不蔽風日者輒曰彼非不富拙於求耳舍的修之厚而後志於紛繁夜寐夙興惟利是視於是見有裘馬翩然往來都邑者輒曰彼惟善求故獨富耳若是乎世方挾求富之說甚堅以為求則得不

（說起）（折到題上）（照下所好高一層）（逆跌兩）

歷科小題卓編　上論　　紹衣堂課本

求則不得而我遽從而止之而其心不服矣然則我正不必止其求（頑○昧○愚○哉）而舞與之籌其可曾求也而可致富乎曾富也而竟可求乎假令天（而○字○精○靈○跡○便○擱○住○）下熙熙為利而來者而皆可以致利則是時命之說可以限淡泊自（又○點○睛○所○）甘之士而反不足以限華華為利之流彼爭利於市誠不害仁義道（好○住○何○知○燕○天○變○花○）德之可以取懷而得也求之何其急也假令天下攘攘為利而往者而皆可以豊財則是抑末之條適以繩游情自棄之儔而必不足以繩後後營財之輩彼持籌貨殖誠不害天人性命之可以應念而存（至○此○已○無○可○轉○身○乃○復○從○高○處○尋○勤○往○筆○端○出○奇○）也求之端有獲也以富之可求若是然則求非倖邀乎富而富實招（化○莫○）其來亦安得。咎夫求之者盍於是而有恬淡寡營者足將惜其志之自甘于足而有委懷任運者且將咎其計之多疎於是而有冒昧以希者且將憫其術之未工於是而有得半而止者且將責其圖之不力何也此曰富可求彼亦曰富可求也一人曰富可求人人莫不曰富可求也雖然以富之可求而問諸人人固可以無疑以富之可求而問諸我我終有所難信富而可求也

勢○逼○出○全○題○

創○議○無○二○真○筆○

而○呈○活○甚○

此題而字一經直出勢便趨下不可復留妙在不輕放出而字只將富可求三字曲折傳頓極縱横跌宕之致而下文所好亦早攝來篆底題語末方一句點出而字何等跳脫初學熟此自可化板為靈易笨為敏

○富而可求也 一節　　包爾庚

富不可求以聖人之好爲正矣夫求富之人亦自謂可好在焉爾而不知其不可也故夫子正之以爲居今之世役役焉而莫之止者吾未識其何從也即而視之是殆求富者雖然吾固有說矣凡吾之說必舉天下之人而以求不求爲優劣焉此則依乎理者之論也一如吾之說亦就天下之求而以可不可爲得失焉則猶近乎情者之論也然而吾之所以自計者盡於此矣即所以爲天下之人之計者亦盡於此矣一身非賢者或不免以饒樂動其心而較量不明則前若無所惜而後必有所悔一人非達者鮮能不以厚實亂其識而去就不次

從字來字從語入妙

進既無所益而退亦無所成吾嘗思之富而可求也資上之利一一而已豈則夫終其身以爭此一日者圖其宜爾充其事而至於執鞭焉吾又何辱乎藩身之樂一人而可獲則夫運其智以戀此一人者未爲妄爾推其類而至於執鞭之士焉吾寧不慊乎有如人事之難測也苦神勁形卒若制之者是則動爲世役未嘗無困也貪者不必（遠語自）還還者不必貪其亦何以自處矣有如物情之難量也損節畏躬猶有戾之者是則長爲人下乃得終窮也勞者自勞逸者自逸其亦可以內反矣循吾所好焉何必適于時而違權不足守經有餘也在彼之富幸其不移在吾之貧樂其材故各自安于其事耳不已坦坦與

決吾之從焉何必利乎己而[illegible]開[illegible]致多羞也不貪而已不可以為廉不恐而已不可以為智交相急終無名耳不較落落與由是而思人之言富必先乎貴者所以難富也天下之人亦有貴而不必富者矣蓋富之難也人之言貧猶後以賤者所以甚賤也天下之人固有貧而不能賤者矣蓋賤之甚也嗚呼凡吾之說夫亦近乎情者之論而已矣

眄睞生姿動容多致後來應少此風流　陳既聞

翫味白文語妙故須出之委曲然作者通篇文勢却又根其太緩也牡所推高聊爾存之此聖人教下之言從所好句尚未滅合

啟禎文行遠集　論語

到極精微處只此淺看為合。

當而可　包

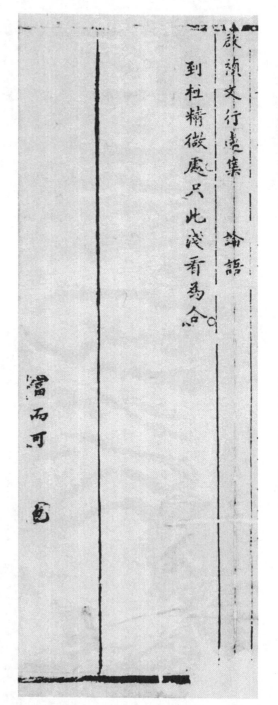

飛僊樓戊午科新小題選

莆田林麟焻石来論定

富而好禮　詩云

張光豸

進無驕而言富，賢者更有會於詩焉。夫富而好禮以視無驕，誠未若其乃子貢忽有會于詩，不可微其善悟乎？嘗思先王之治天下也，莫先于礼；而教天下也，莫備于詩。迨其淺礼相沿而易陵，而篇章散軼，則雖有能學詩者，惟是一二儒雅之流，猶樂于匡居而歌咏焉，意亦敷詩說礼，故連類相及。旋而要其感懷，則別有在矣。如夫子與子貢論富而曰貧而樂，斯其人豈易見哉？吾思賢人而在困約，猶深貧

飛仙樓新小題選　上節　虞子晉

宴之思不免樂饑之嘆如風詩所云獨寐寤歌永矢弗過者何可多得也彼貧而樂者超然于境外不域于境中即令耳處素封當亦有攺其曠然自得之懷乎然而處富者又一道矣夫士君子非無賄之患而無令名之難且家處豐厚其進于善也易其進于不善也亦易假令無以節之而踰閑越矩其若之何故礼者富之坊也乃若人不以礼為範身之則而以礼為怡情之具其好礼也一若忘乎其為富也者一若忘乎富而止知有礼也者一若忘乎富而并忘乎礼也者彼無驕者豈可同年道哉吾于是而嘆處貧雖處富而于好礼亦不易也聞嘗情稽載籍知善處境者莫詳于詩其言貧而樂者如衡泌有棲遲之慕十畝有閒閒之思不一而足而富而好礼者亦少概

見蓋以詩三百篇大抵皆憂人鬱士之所作其他席豐履厚類多不
知節者故弗登焉乃子貢聆夫子之言忽曠然有遐思也曰請爲之
賦詩夫賜論貧富言無諂也言無驕也未必有詩之見存而同堂
辨論之餘曷以無端而有會即夫子論貧富因無諂而進以樂也因
無驕而進以好禮也更未嘗有詩之見存也而隨境會心之際曷以
相引而俱深是詩感于賜耶抑賜感于詩耶其有感于夫子言富而
好禮者而云然耶抑不獨有感于夫子言富而好禮者而云然耶而
要之賜之所見則固已進矣

礼與詩天然對勝指出以還題之起訖真巧法並至矣中間點水
古雅併能閒合全音尤見清新穎拔此種高文洵開風氣之先

威武不能屈

且古今無不屈之權勢而亦無可屈之道德何則權勢不過赫奕于（直入法）一時而道德者天地之正氣古今之正理也卒然遇之王公失其威三軍失其武有百折不撓者而其氣乃常伸于宇宙孟子告景春以大丈夫之真而曰威武不能屈具義可申也夫人生天地而為威武屈之者與人與妾婦等耳蓋理不直者氣必餒、力不壓者志必餒、所以見赫赫之威而屈矣過糾糾之武而屈矣且特此也或以貧而屈于富或以賤而屈于貴古來辱身行敗名節者或屈于一時之公議或屈于萬古之青史不大可哀也哉要其為人有妾婦之行而不能居以仁立以禮行以義故至此也若仁禮義之德充于中而仁禮義之氣發于外世之威武即能屈人而斷不能屈我之仁屈我之禮屈我之義而我志可與日月爭光且我之仁足以勝威武我之禮足以服威武我之義足以制威武則威武遇我而反屈而我氣且卓然于萬物之上也而又烏乎屈之哉即有屈者如龍逢比干之屈于君也伯奇申生之屈于親也文王之厄于羑里孔子之絕糧于陳微服于宋也屈矣然而忠孝之性久而弥光至德之神化而益盛其不能屈者自在也夫世之有勢位者盛氣凌人謂我有威武天下莫之抗也而布衣之士方且談笑而揮之以不可屈者在此而不在彼也而

（從上文發說便真切）（更深）（二層）

況儀衍者流假人之威以為威竊人之武以為武謂我可以屈服天下矣及至遇仁禮義之人而消沮閉藏如閹人婦寺之無地以自容快筆也而後知天下丈夫自有真也

不可屈跟定仁禮義本領光焰燭天

富貴不能淫貧賤不能移威武不能屈此之謂大丈夫

六名

烈無累之懷而大丈夫之真㫘見矣夫富貴貧賤威武其累吾心者一而不淫不移不屈者自若也論大丈夫至此蓋已究而言之而豈容混稱與且概人而得其濟固不必歷試諸夷險之塗而始實定其生平之概也顧以絕類超倫之稱有時爲庸流之所混標其真以斥其僞安得不悉數夫萬變不搖人思人品之不容假耶非然者居廣居立正位行大道至徵之於得志不得志亦已大異於子之所謂大丈夫矣而吾必且被夫不一之遭以深

魁墨　詩四房　二十七

至一之守其人不欲以奇見而一任境遇之紛投概視之若
而至奇出矣子之所謂大丈夫者吾知其不嫌一試也亦曾想有
履泰途而皆坦之人在乎其心未始以遇繁而一此不變之操懷
無弗安於所遇而貞遇見矣子之所謂大丈夫者吾知其無適而
可也亦曾思有歷百錄而彌堅之人在乎今夫富貴非能淫人人
自有易淫者則富貴淫之矣至於我實不淫雖欲以富貴淫之
不也今夫貧賤非能移人人自有其易移者則貧賤移之矣至
於我實不移雖欲以貧賤移之不能也今夫威武非能
有易屈者則威武屈之矣至於我實不屈雖以威武屈之不能

也。以見居廣居立正位行大道者由得志不得志推之無往不然有以自主而未嘗假物以權也所云大丈夫舍此誰與之合也之。丈夫而論之或處富貴或處貧賤或遭威武而不能淫不能移不能屈者後先相望也明禋展稽拜之誠即簞瓢有不改之素匪些有鼓歌之樂即告氣無暫餒之時統前後而若出一轍聯彼此而總無二致大丈夫之犖犖乎若自為其也彼一切耿介豪爽之徒概不足希其萬一矣尚何論無志無勇之袞袞者哉就一時之大丈夫而論之或處富貴而未嘗更處貧賤或處貧賤而未嘗更遭威武而不能淫不能移不能屈者

歷可信也寵利絕居

習斯窮廬無悲歎之並笑言有啞啞　休斯震來無虩虩之一節而可信生平亦占知累屢未訖弗目亂丈夫之卓然大者嘗如是耳彼一切末流曲學者輩均不足望其後塵矣又何論夫逢迎之齷齪者哉夫子未識所謂大丈夫者徒觀儀衍之事亦而疑其似之吾有懷於所謂大丈夫者併無廣驕諸人世之遭逢而信其真矣標其真以斥其僞至於究竟言之而猶可相提而論也哉

富貴不能淫貧賤不能移威武不能屈此之謂大丈夫

八名 李夢白

身不受境役。惟大賢為足當也。蓋富貴貧賤威武。皆得而役之者。道不足故爾。曾大丈夫而復有淫焉移焉屈焉者乎。孟子曉景春謂士不能離境而立也。明矣。而顛倒世態中而不與其趣。識若必目為賤儒。夫士亦惟恃道勝爾。道不勝則境並有權而我獨無權。道勝則我獨有權而境並無權。覘三品者恒必由之。如廣居正位大道。苟非其人。孰與由是。子乃輕言大丈夫乎。蓋不自省身克己之餘。以求其無歉。則縱橫捭闔。適為聖賢之所訾。而惟從深造自

得之後以驗其操持則福澤憂虞具見豪傑之不苟則且觀之於
富貴萬鍾毋必辭三卿寵必謝而徵黍以歆羨之私是直以人品
狥富貴矣淫矣古之人有天下而不與其處榮寵何如也則且觀
之於貧賤衡泌奚難處簞瓢奚難安而稍將以委曲之心是又以
人品狥貧賤矣移矣古之人甘遯世而無悶其處淪落何如也則
且觀之於威武唯說則藐之見忤則去之而一挫其剛正之氣是
又以品狥威武矣屈矣古之人無故加之而不驚猝然臨之而
不懼其視恫疑虛喝又何如也大抵養純則外緣不攖　實至斯
盛名　愧祇此耿正之軀而疊出以嘗者愈嘗而愈莫能入他

其表。樹立者也。彼夫觀。望。苟且。胸中。久無。灝氣之。存吾。所謂
其非丈夫而孰若。以。不戚戚。不靡靡者為千古留其真。
修明。心學守之理。而無出以相撼者。愈撼而愈徵其堅無他。其衷
所別。之者。明也。彼夫。圓通。詭隨。因人。曾無。自成之事。吾嘗鄙其器
小。爾然老此之。可以行通。可以淹抑。可以險難者。為吾黨一標準
孤。詣吾之所謂大丈夫者如此。彼儀衍者。何以稱乎。

軒然而來

富貴不能淫貧賤不能移威武不能屈此之謂大丈夫

邱人龍

隨所遭而有以自信大丈夫之稱不誣矣蓋所遭之境不同而其所謂仁義禮者自若也極之於不淫不移不屈大丈夫之真固至此而愈見耳且天下容有素負卓犖之名而不獲保其聲譽者謂其時勢易而志氣衰也若乃天之所以相嘗者非止一途所能盡而我之所以自處者且歷百折而不回斯其光明正大之氣常足自伸而物望之隆乃以愈重於天壤間而不可沒如廣居正位大道推而行諸得志不得志之時大丈夫之稱其以是乎然而正有

所以推到處境上說得義理真切氣味深醇

三句各還實義精卓不刊

難言者人情之所自期當其始遠甚也迨經變既多而慮患出矣故夫特立獨行之概不極之歷試諸艱君子不輕以許人也人情之所自信當其初壯甚也迨涉閱既徧而情境遷矣故夫出羣拔萃之望非實能素位而行君子不輕以譽人也吾得徵之於富貴矣席豐履厚之家常情每易以自滋而矜又重之以勢位乎而不淫者自若也性分中我所自得性分外於我無與倘所謂持盈保泰者非也而誰能淫焉吾又徵之於貧賤矣飢寒困頓之遭常情每難以自堪而矜又置諸閒散乎而不移者自若也居窮則其守愈固處困而其道亦亨倘所謂德性堅定者非也而又誰能移焉

總發理足神完氣溢一切饒有大家風味

至於威武之來雖强有力者不能勝也盖旣廹之以權勢而又加之以暴厲至此而不屈者殆未有矣而乃正氣関乎天地貞心貫夫金石問所為不缺則折者無有也其又誰能屈之乎若此者其氣象甚深慨然有高人之望當夫立身行已此志常伸於萬物之上而及其入世多端猶斷然其不可苟則惟此本仁祖義而出之以禮者所為終始於其間也古之所謂豪傑之士不是過矣其規模甚遠卓然有絕俗之見當夫章志貞教此念早端於爾室之中而及其遭逢百變猶確然有以自信則惟此居仁由義而節之以禮者所為徃復於其懷也世之所謂三代之英有由選矣此之謂

大丈夫謂其居廣居也。謂其立正位行大道也。而不淫不移不屈。則又其一定而不可易者矣子乃以儀衍當之其見笑于妾婦也實甚。

本房師加批

敷詞矜貴結構謹嚴

針對儀衍破的

富貴不能淫貧賤不能移威武不能屈此之謂大丈夫　邱人麒

更即窮達以推所遇而大丈夫之論定矣夫富貴貧賤威武所遇至不同也而必各守其道焉大丈夫豈可以妄稱乎告景春曰人生之遭際不一而因遇而遷則脂韋逢迎固不復有磊落之概矣夫士人持身涉世中藏自當有主要以境有豐嗇施有逆情而大節終不可易則歷舉以觀而奇傑之地望有屬矣廣居正位大道得志與不得志均必守是道此其人非所稱為賢豪間者耶雖然猶未足以定大丈夫之論也境遇至為無常而正氣未充或且自

堅光切響

筆實上文發揮最得此題三昧

成語恰合

變其素履故必歷試之參差錯出之途而有守有為斯生平之氣節以見涉歷豈能一定而蓄德未厚不無或墜其初心故必歷驗之紛紜百出之端而可順可逆斯夙昔之情性以彰則試以富貴觀之怙侈滅義之風振古如斯是富貴而或流於淫者情也乃有守之以道而不能淫者以仁正吾身而驕佚必嚴以禮正吾身而犯分必戒以義正吾身而制節咸宜是道充為富身安為貴者也而又何淫焉即以貧賤觀之刓方為圓之態習俗皆然是貧賤而必至於移者勢也乃有守之以道而不能移者仁以宅心而道味中之膏腴自厚禮以持心而藹吉內之風致自恬義以制心而嚴

強對

卷舒自如古文妙境

唱歎此之謂三字聲徹金石

敎中之操持有準是貧亦可賀而賤不驕人者也而又何移焉至於憑凌之加則爲威武威武者人情之所易屈也乃有猝然臨之而不驚無故加之而不怒此非其扶持甚大而其志甚遠乎吾身自有至正之道故頂踵可損刀鋸可加而此志終不可奪也又誰能威屈之歟以易淫易移易屈之勢而高風勁節獨超然於塵衆之外此其人詎易尋常求之乎吾知縱横中無是人押闔中亦無是人也不然而曳裾侯門欲以冒丈夫之稱庸有當乎以不淫不移不屈之志而守正不阿獨介然於流俗之表此其人詎可耳目得之乎吾知勢利中無是人功名中亦無是人也不然而叩閽請

諂漫以當丈夫之名曷有合乎此之謂大丈夫而子之稱儀衍也何哉

本房師加批

清言屑玉靜息吹蘭

富貴不能淫　三句　　姚黃甲

隨所遇而能貞焉所恃力于仁禮義者素也夫試之富貴貧賤威武無所往而自失其正非深有得于仁禮義而能然乎且士秖一身而世每百出其途以嘗我乃遇之境焉而輙為之困此無他其所挾持者未大而所守者易搖也古之君子可以處達可以處窮亦可以處变歷乎世途之中而超然常伸于萬物之上夫亦安往而不得其為我者而人猶慮夫淫我者之相乘而起也平居高言恬淡一旦汩沒于勢利之途而不禁其趾高而氣揚而不禁其識卧而神蕩久矣哉世之見淫于富貴者不少也雖然富貴何足淫

（蘇家風味）（逆入奇恣）（宕筆有波態）

翟錦川試藝　　楊學院科覆興化府學二名

躍錦川試藝　　楊學院科覆興化府學二名

就仁礼
人人自為富貴淫耳不見有處富貴而視若固有者乎以弘懽澤
義精出妙能字、確切
則有仁以肅觀聽則有禮以杜僭踰則有義天下即有物焉足以
淫富貴必無能淫懷仁秉禮蹈義者之心而使之漸淪于後縱嗟
乎若以儀衍當此有威福以驕其志有紛華以飫其欲貴極富溢
而其沉溺之所至有不可勝道者豈若不淫者之可以長享茲富
貴也哉而人猶慮夫移我者之接踵而至也平居耻言閔獲一旦
置身于困厄之遭而不免于抑鬱而無聊而不免于俯仰以逢世
久矣世之見移于貧賤者不少也雖然貧賤何足移人人自為
貧賤黎乎不見有處貧賤而若將終身者乎以寄悲惘則有仁

樹羽儀則有禮以嚴取予則有義天下即有物焉足以移貧賤

曲而有直体

無能移懷仁秉禮蹈義者之心而使之自渝其素履嗟乎若以儀衍當此戚戚乎不能以終日悵悵乎常抱其怨尤食貧居賤而其諂媚之所形有大不忍言者豈若不移者之有以自樂其貧賤也哉一而人猶慮夫屈我者之乘間而來也平居矯厲氣節一旦事出于非常變生于倉卒而不勝其趨避之失措而不勝其巽懦以從人久矣哉世之見屈于威武者不少也雖然威武何足屈人人自為威武屈耳不見有遇威武而勇往直前者乎惟殺身為能成仁惟剛決為能守禮惟舍生為能取義威武亦何所不屈獨不能屈

濯錦川試藝

〇〇氣〇充〇壯〇遒〇〇〇〇〇〇〇〇〇〇〇〇、

懷仁秉禮蹈義者之心而使之一蹶不復振嗟乎若以儀衍當此

計利害則亟思所自全念身家則盡喪所自守震之以威而臨之

以武而其畏葸之所極有不堪令人見者豈若不屈者之目中無

復有威武也哉而大丈夫之謂不在彼而在此明矣

灝氣排空一往莫禦　原評

富貴不能淫貧賤不能移威武不能屈此之謂大丈夫

二名　徐鑾

隨而又貞其守、其名難副也、蓋使奪於所遇、則非仁禮義之大
丈夫。不淫不移不屈大丈夫之名豈易副哉、且世每百出其境
以相嘗而君子惟於行其一意。非必以孤行者矯然自異。而究之
實至者名必歸焉。當其歷試諸艱。內有獨重。遂覺外來者盡輕而
其人倜乎遠矣。得志不得志之間、則皆以廣居正位大道者寄矣
此而謂之大丈夫也。其孰從而非之。顧天下純盜虛聲之輩每來
路而易從前之轍而多靡中之骨也。故遂使窮取權位者反得

以勢分而抗性分之尊而天下庸耳目之流又必歲寒始知後凋之貴惟強忍之氣節常貞乃令循名覈實者始得援天爵以關人爵之口其或富貴而淫是貪富貴而忘所居所由所行之仁禮義也而富貴乃不能淫其或貧賤而移是厭貧賤而棄所居所由所行之仁禮義也而貧賤乃不能移至若威武之加有是我以不得不屈者更易為所屈矣乃一以仁禮義當之而亦不能屈吾於此既驗真節吾於此而可以定其品甚在天或有意以玉成此一人之名以立辭論之範則往往多其端以相試乃以[illegible]之順汝試進而安試之生死之地而無不安而仁禮義之確乎不拔者

造化以默襄其英鋭更何能於宇宙間别措物望之隆其在人或有意以别白此一人之實以壯宇内之觀亦往往雜其境以相投乃投之樂境而如故投之憂境而如故投之患難之境而亦如故而仁禮義之充然自裕者舉世亦共信其操持尚何難於氣類中獨尊譽聞之美蓋名無虚附實有攸歸此而謂之大丈夫庶無負耳彼儀衍者貪富貴而厭貧賤惕之以威武有立見其屈者是亦不仁而無禮無義之尤者矣謂之大丈夫不亦謬哉

富貴不能淫　四句　二名徐志鑾

隨遇而[illegible]貞其守、其名難副也、盖使奪於所遇、則非仁禮義之大丈夫矣、不淫不移不屈、大丈夫之名、豈易副哉、且世每百出其境以相嘗。而君子惟孤行其一意。非必以孤行者矯然自異。而究之是至者名必歸焉。當其歷試諸艱。内有獨重。遂覺外來者胥輕。而其人愈乎遠矣。

神理[illegible]然

得志不得志之間。既皆以廣居正位大道爲守矣、此而謂之大丈夫也。其孰從而非之。顧天下紕盜虛聲之輩每未路而易從前之轍。而委靡巾之骨力難扶。遂使竊取權位者反得以勢分而抗性分之尊。而天下庸耳俗目之流又必歲寒始知後

容一筆

風雲四起

拍題如危崖墜

石……破完二氣

凋之貴惟強忍之氣節常貞乃令循名覈寔者始得擾天爵以閑（勁遒金石）人爵之上其或富貴而淫是貪富貴而忘所居所由所行之仁禮（反換點明全題并補上面）義也此富貴乃能不淫其或貧賤而移是厭貧賤而棄所居所由（句換轉下的）所行之仁禮義也而貧賤乃不能移至若威武之加有迫我以不（移形換步）得不然者更易爲所屈矣然一以仁禮義當之而亦不能屈吾於此而既驗其節吾於此而可以定其品（落來句節重分明）其在天或有意以玉成此（又懸空寔寫）一人之身以立群倫之範則往往多其端以相試乃試之順而安（二句一齊區分）試之逆而安試之生死之地而無不安而仁禮義之確乎不拔者造物亦默襄其英銳更何能於宇宙間別推物望之隆（何等欣羨推原）其在人或（亦）

用兩層文氣自見深厚

有意以別白此一人之寔以壯宇內之觀亦往往雜其境以相援乃援之樂境而如故援之憂境而如故援之患難之境而亦如故而仁禮義之充然自裕者舉世亦共信其操持尚何難於氣類中

題尾備地有書

贊

獨專譽聞之美蓋名無業也附寔有依歸此而謂之大丈夫庶無負耳彼儀衍者貪富貴而厭貧賤惕之以威武有立見其屈者是亦不仁而無禮無義之尤者矣謂之大丈夫不亦謬哉

提明

遂層遞到末句十分寫出大丈夫難來方與景春來脉對針文中兔起鶻落正如筆落驚風雨詩成泣鬼神矣青于

貧賤不能移 二句

鍾山書院楊院長會課 曹庚

志節極堅不得志之所守正矣蓋不得志則貧且賤焉而人得威武加之矣乃不能移不能屈如是殆與富貴同一志節乎宜人生難處者其惟不得志時乎我方欲獨善其身無如內顧已而困窮之稍盈且不此無聊外顧世而聲勢以相凌逼人太甚不覺其節更其志挫而此身幾不自保矣則夫得志而富貴猶未足以觀人也試摹一不得志之境有二端焉在我處之則有貧賤在人加之則有威武終日居富貴之中曾不知寒士之苦反笑半菽不飽袒裼不完者之無能為役也則貧賤亦大可悲耳且夫人身當困

頓父母妻孥俱屬無可呼訴而半生之雄才壯志盡消磨于坎坷
潦倒之中人憐之而齊蹴難堪人奴之而詬詈何免從況味偷嘗
原評移字寫透
之下出見夫紛華縱不必奉身以從而此中之淡泊者遂怦怦
不字跌情史有力
有動矣則已移矣乃若人之處貧賤何如乎吾道不矜苦節彼
寫不[illegible]妙看得極平淡正見大丈夫身分
正欲玉成生而遺之是吾故物也何為惡此而逃暫而遇之是吾
儕寄也何為入焉而沮惟使義理悅心斯藜藿猶芻豢之美令聞
廣被則鶉衣皆文繡之華抱此仁義禮之德以砥礪于窮山陋巷
之間而畔援歆羨無從擾其夢魂問有何物焉足以移之耶彼儀
此層剝然自出
衍之于貧賤也一寒至此計無復之而幸吾舌尚存以博夫寵利

是亦見金夫而不有躬也烏知不得志而卓然自立有如是哉然日居富貴之中從不遇譴責之加反得以頤指惟我氣使惟我者之聊且快意也則威武亦殊可畏矣且夫人身處側徼手足官骸無形且多束縛而一時之赫聲濯靈自沮喪於倉卒倥傯之會頓聆而一軍皆驚叱咤而千人俱廢從曹偶嬉遊之慣一震夫雷霆（善寫恐情）不必乞靈以免而此中之寧謐者遂蹙蹙乎不安矣則已甚矣乃若人之值威武何如乎此情本屬和平外感都為橫逆有意而觸之是患其使倆也自嚴困而心亨無故而加之是逞其恣睢也亦遇災而不懼惟以殺身勵成仁之節則三軍難奪之匹夫見危存

貧賤不

語妙

授命之恩則如飴亦甘之鼎鑊負此仁義禮之修以翱翔于刀鋸斧鉞之旁而恐懼疑惑無所抗其主宰問有何物焉足以屈之耶彼儀衍之于威武也一旦見辱憂從中來不覺奔走駭汗以相與解免是亦仰高位而蛇行謝也烏知不得志而挺然不易有如其哉此大丈夫之志節自守不僭不淫于富貴已也

于激昂感喟中寫得夷猶恬淡方是大丈夫本色若稍作意氣語便不免出彼家舩矣文故須以識養勝

富貴不能淫 四句　一名張舫

大丈夫自有真超乎常情之外也夫富貴貧賤威武亦遇之常耳然必不淫不移不屈而後謂之大丈夫大丈夫豈易言哉且夫人所命爲大丈夫者以吾生自有至足之分而人世之境遇不得而與之也入乎理之中自超乎欲之外古人有其名而副其實未聞無其實（所句括盡）（斬截）而安竊其名也如仁禮義各足乎己而歷之窮達不異如此此豈可以人爲情淆者今夫富貴者士所時有也而貧賤亦遇之常貧賤（叫得起）（三句上截緊過）[illegible]固安之若素也而威武尤勢之適大丈夫處此當何如哉大（拍入上截）（補筆密）丈夫未嘗薄視富貴然富貴自富貴而其心無與不能淫也亦未

四書墨卷　截　福建　利廿

未嘗矯語貧賤。然貧賤自貧賤。而所志自如。不能移也。至於威武。丈夫尤不能禁其不來。然威武自威武。而其節常伸。不能屈也。

其中有物

□□人人下顧其自命何如耳。知内之重而後見外之輕。所得既深。則所累自寡。士之貪富貴厭貧賤而懾於威武者。皆妾婦順從之謂也。丈夫固有愧況□□哉。吾之所謂大丈夫者。可以處樂。可以處約。可以履險而交吳。可以臨難而不懼。夫果何所恃而能哉。非仁弗居也。非禮弗由也。非義弗行也。是為大人而已矣。此足以當矣。

回顧生波

更見得清

翻發一齊側到

筆見歸重本文末句落得出

平題是大丈夫由體達用。順題一一咏嘆。結穴指明。力據上游。神周象外。只青于

富貴不能淫

廖金齡

不以富貴蕩其心非進士所能及也夫人之有富貴之見者也處富貴而淫者也若人之挾持如是豈富貴所能淫哉今天下但有富貴人耳安得奪丈夫哉雖然即富貴人亦究無能也若吾之所

疾富貴炫　精神更加

謂居廣居立正位行大道者此真富貴人矣何則從來利祿之臣最足消吾人之志氣人雖有負英奇之質不幸習於膏粱而終身祿之者矣天下快意之境最足蕩吾人之心志人亦有抱明徹之質一旦出見紛華而不勝慕悅者矣甚矣富貴之能淫人也而夫人不然朝秦暮楚求富貴於顯者之門夫人不屑也潛深處與麋

乎勝而不處富貴夫人亦不必夫人正爾目見可欲而心自不亂道德五千言一章[illegible][illegible][illegible]轉蔑達驕誇富貴於侯王之国夫人不齒也持盈守滿時讎乎不窮其變以闢與滛之心以礎富貴夫人何必然夫人自爾無心任運而意氣常伸蓋其守堅則心神之所繫者固外物豈得而擾之縱使位歷崇高而祗行吾素耳抑其識高則一己之挾持甚大長物豈得而紛之何伐夫物可得此言慢之有冰淵之畏處之有浮雲之想耳噫斯真富貴人也大丈夫不當如是耶

飄飄物外有仰視青雲白日之意　原評

望之若神劍走擊物發而接之大儒學問五位器識賦

有書中此吾將樂夫千家入龍之一年甫弱冠所造乃爾顧其

海內識者共賞之

富貴不[illegible]

廖[illegible]

富貴不能　三句

江南　張學院月課　儲在文
常州府學一名

不為境動者能自守也夫人惟不能自守而後富貴貧賤威武能動之不淫不移不屈其于境何如哉今以人之終身于境也其有所恃乎其無所恃乎無所恃而冀其勿奪于境不能也非境之足以奪之而不能不奪者之恒在人也有所恃而欲其偶奪于境不能也非境之無以奪之而不能奪者之即在境也是故仁禮義統于身而得志

[illegible]

不得志任之矣可欲可惡之遇紛于外數變而不窮不加不損之分定于中無間而可入而世且有淫之者矣何以淫之曰富貴也而能且有移之者矣何以移之曰貧賤也而世且有屈之者矣何以不之

同威武也然而衡之乎有所不能則何也制天下之境者存乎理理之不貞者見富貴而淫理不純者見貧賤而移理不貞者見威武而屈彼挾其有形之境以爲挾而吾挾其無據之理以爲應則輕重之勢必不能以相制而仁義之積而爲理者固居乎天下之至重也居已乎至重遂乎天下以至輕而理之貞者可以制富貴理之純者可以制貧賤理之貞者可以制威武則人世之紛紜百變以相劘者至是而皆有所竊御天下之境者存乎氣氣之不靜者動爲富貴淫氣不正者動爲貧賤移氣不剛者動爲威武屈彼挾其浸淫之境以爲施而吾挾其漸衰之氣以爲禦則大小之數并不足以相衡而仁義

之充而為氣者固操乎天下之至大也操已乎至大即換天下以至小而氣之靜者可以御富貴氣之實者可以御貧賤氣之剛者可以御威武則人世之蓄積厚力以相乘者至是而皆有所絀是故其不淫也欲淫之而不能也而天祿之富人爵之貴如其固有也其不移也欲移之而不能也而疏水之貧韋布之賤若將終身也其不屈也（傍行評〇夾）欲屈之而不能也而萬乘之威三軍之武亦行所無事也趣然于憂（出〇夫〇天〇夫〇身〇外〇世〇來）樂榮辱之外其來也無所距其去也無所留坦然于得喪利害之交猝然臨之而不驚無故加之而不亂大丈夫當如是矣

三不能見所居所立所行無一毫轉移墮折也不從此着眼大言

直省考卷篋中集　　孟子

實當乎體認既確布格措詞倍覺精采原評

三不能本領全在所居所立所行而居立行得力處正于三不能

上見此文極善體認筆亦新穎

富貴不能淫　三句　　韓邦奇　主司刻錄

大賢論大丈夫、隨所遇而不易所守也、夫德不足者、因物而有遷矣、隨所遇而守不易、非大丈夫而何哉。孟子告景春曰、世故之變無常。形君子所由惟一理。彼常情於未達之際、或能强制其心。時乎富貴則氣盈而僭踰陵縱。將無不至焉。能不淫乎。大丈夫者雖享重祿而敬畏之念恒存。處高位而盈滿之懼方切。不驕也、亦不侈也。此心之定止、水之澄也。仁義禮固行於富貴矣。心何有於蕩耶。常情於有餘之地、或能矜持其節。時乎貧賤則氣歉而苟且放溢。將靡不為焉。能不移乎。大丈夫者雖終身屢空而得之非道不

碍貧賤

此句不用淫消而用敬畏方與氣盈反。切心字并能。

分貼富貴。對蕩字

碎富貴　用字

皆有本

歷科程墨衍選集　　嘉靖戊子順天鄉試

歷科程墨衍選集　　嘉靖戊子順天鄉試

苟取遯世不知而榮以非義不苟受不諂也亦不援也一節之堅

切節字并分貼貧賤

對變字

介石之固也仁義禮固行於貧賤矣節何有於變耶至於威武者

人所甚畏也常人之情平居則悻戾自高變故則惴懼失措矣大

李批此處點出下便不點仁義禮　威是勢武是力其挫

丈夫方且廣居之正位立之大道行之生死決於須臾也浩然

點有丈小分別

之氣不因之而貳餒榮辱生於造次也毅然之色不因之而或沮

切志字

平生所存期於必伸矣孰得而挫之哉夫士之處世富貴遇也貧

賤常也威武變也三者得而立身之道備矣非大丈夫安能與於

此

語語有生氣○先輩刻劃在題中意盡而止後人滔滔大論遇

此等題俯仰今古。用力多矣。然皆題外枝葉。意愈深纍。而味愈淺短。亦由學粗而識陋也。李厚菴

三段望之如太華削成。凛不可犯。然凌厲易。深粹難。一語不切孟子。即皆外疆中乾耳。每覺蘇子瞻李太白寫真。王介甫張良二詩。不耐三復。況區區倔為强者乎。

富貴不　　　韓

富貴在天　有禮

黃逢春

在天者不可必君子亦惟修己以順之而已蓋牛之憂惟不知夫
在天者耳誠由富貴觀之曷不為君子之自盡哉且天下事無一
而不主之天者也天下事又無一而不操之己者也惟主之天故
不齊也遇君子安之惟操之己故身世之修君子盡之獨不觀夫
富貴乎夫天下之人未有不欲富欲貴者也即君子亦未必皆不
富不貴者也側陋而登庸彼獨非君子乎然而天定之矣齊懷丞
人此亦君子之得天者素而非天之妄私君子者也居攝而誕保
亦獨非君子乎然而天命之矣公孫碩膚此即天之所以食自乎

應繩録選

君子而非君子之能必之天者也蓋天下有富人貴人之子而必無皆富皆貴之天天欲予人以富貴雖安命之君子有所不能辭天而不以富貴予人雖行險之小人有所不可倖吾之所聞天下事大抵如此也況故以其在天而安之以其在天而俟之此亦君予之善承乎天者也豈倖之心君子固不出也而或以在天而有慈於己哉以在天而有間於人則又非天之所以默啓乎君子者也固任之見君子亦不為也蓋天下雖有不可必之天而未嘗無可修之己此亦我得自盡之一術也君子何為而不敢且天雖不能使人與我為緣而未嘗不使人與我一而体此亦我可自為之一

途也君子胡爲而弗恭且敬之而一時不懈終身不改焉非邀天也亦以素天而不違也且恭也而情以生文文以生情焉非求人

恭敬天下順風揚帆千里一息

也亦以事天而立命也故使敬焉恭焉而不可必之天然而爲可必之天此亦聽天之自爲轉移也君子固無所慮心敬焉恭焉而在天者終於在天有命者終于有命則亦作一富貴觀也君子亦無所歸咎然而君子敬而無失矣與人恭而有禮矣在天者[illegible]可必而兄弟之間夫又何患乎

筏法圓密却無半點甜俗氣人中爽爽何子朗　原評

俗上清流奔放中有節制非如襲有山之貌者